酒の日本文化

知っておきたいお酒の話

神崎宣武

角川文庫 14404

酒の日本文化——知っておきたいお酒の話

目次

一　酒と神——祭りと酒の原風景

二　神と酒と人——酒宴と酒肴の構図

一　酒と神——祭りと酒の原風景

御神酒あがらぬ神はなし

「乾杯」の考察

「乾杯！」

という風景は、ほぼ日常的にみられる。したがって、私たちは、それをちっとも不思議に思っていない。

しかし、ちょっと考えてみると、それは不思議な風景といわざるをえない。

なぜならば、私たちの四、五代前の先祖たちは、「乾杯！」などという無粋な酒の飲み方はしていなかったはずである。近世以前の古文献をご覧いただければわかる。「乾杯」という言葉は、ほとんどでてこない。

もちろん、「乾杯」の語源は中国語にあり、その意味においては、相当に古くから日本に導入された言葉には相違ない。ちなみに、もっとも古く「乾杯」という文字がでてくるのは、平安時代の『新儀礼　四』である。

欲レ献二御酒一之時、親王進　唱平、即乾杯、御揖訖杯

ここに、親王さまが「乾杯」と唱えられることに一同が追従して酒を飲む風景が想像できるのだ。もっとも、項目に「天皇奉賀」の儀式、とあるので、あくまでも特別な宴席での作法とみるべきである。そして、その作法が以後につながるものであったかどうかは、明らかでない。というか、それ以後の宮中儀礼のなかで乾杯作法が定着した形跡がみられないところから、あくまでも一過性の特殊例とみるのがよかろう。

ここで問題としたいのは、起源論ではなく、普及論なのである。「乾杯」という言葉の普及は、少なくとも明治期よりさかのぼることはあるまい。ヨーロッパ文明導入のときに、つまり洋酒が飲まれるようになったときに、グラスを触れあわせて「乾杯！」といいだしたのである。それも、鹿鳴館《ろくめいかん》あたりでの上流のパーティーで、シャンパンかワインを注いだグラスを粛々と掲げることにかぎらない。むしろ、軍人の蛮風ともいえるにぎやかな酒宴席から、とみるのがよい。巷間《こうかん》では、乃木将軍がはじめた云々とか、イギリス海軍との合同演習から伝わった云々などの俗説も伝わるが、さてどうであろうか。根拠は薄い。しかし、軍隊の酒宴に関係して発達をみたというのは、ほぼ明らかである。たとえば、明治期の生活習俗の変化を克明に追っている『風俗画報』(明治二二年―大正五年)からだけでも、そのことが読みとれるのである。

明治二七（一八九四）年が日清戦争、明治三七年が日露戦争。いずれも、日本の勝ち戦《いくさ》であった。軍人たちの宴会だけでなく、地方の村里でも出兵や凱旋《がいせん》の祝宴が親族・縁者を集めて頻繁に催されるようになった。有田《ありた》焼や美濃《みの》焼で、「出兵記念」とか「祝戦勝」という文字をしるした徳利や盃《さかずき》が数多く残存する事実が、そのことをよく物語っている。

そのころ、日本全体で酒造量が大きく伸びている事実にも注目しなくてはならない。座敷での、旧来の酒宴だけではない。軍服のままでの立ち飲みの酒宴が新たに加わって、広がった。そのときビールが重用された。ビールの製造が本格化するのも、明治三〇年代のことである。

瓶売りが一般化し、ビール税が課せられるようになった。

乾杯の習慣は、端的にいうならば、ビールをグラスに注いでの立ち飲みにはじまる、としてよかろう。現在の「とりあえずビール」は、まさにその延長上にある。しかし、それも、先述の『風俗画報』でみると、「乾杯！」よりも「万歳！」にはじまった、とみなくてはならないのだ。ただ、この問題は、もう少し軍隊内部の記録も傍証して詰めなくてはならない。そのあとで、いずれこのことは別の機会に論じたい、と思う。

ともあれ、乾杯の風俗は、平安時代においても新たな儀式に登場することであったが、明治期においてもなお新しい流行現象であった、といえるのである。

軍隊あたりで、いっそのこと「cheers!」といえば、その普及の時期や導入の経緯がより明らかになったであろう。が、なまじ先入の外来語があるだけに、そうはいわないところが歴史的な転換《エポック》のまたおかしなところである。しかし、それがために、後世の私たちは、それが伝統的な習俗なのではないか、とついつい思いちがいをすることにもなるのである。第一、私たちの四、五代前の先祖たちは、酒を口にする機会さえもめったにないことだった。酒は、本来、特別の日に粛々と飲むものであったのだ。もっとも、粛々と飲んだあと、歌舞をともなってその日かぎりの痛飲に興じることもあった。

そのことは、おいおい考察していくとして、いま私たちが何気なくそうしているところの「乾杯!」の対象は誰(あるいは、何)なのであろうか。

むろん、参列者のご健康とご多幸を祈念して、というのがそのときの常套語《じょうとう》となっている。が、はたしてそうなのだろうか。あらためて、「祈念して」という言葉に注目しなくてはなるまい。何に対して祈念するのか。そこに、カミ(神)の介在を認めなくてはなるまい。

そこで、気になる言葉がもうひとつある。

御神酒《おみき》あがらぬ神はなし

というではないか。乾杯そのものの習慣は、外来のものであっても、そこにカミの介在を加えて普及をみたのは、きわめて日本的な文化展開というものである。新(乾杯)・旧(祈念)が複合して今日に伝わっている、とみるのが妥当であろうと思える。

乾杯の相手は神仏

事実、神前では（あるいは、仏前でも）、酒が不可欠な神饌《しんせん》（あるいは、供物《くもつ》）である。祭りや行事は、酒なくしてはなりたつまい。

身近なところでいうと、ことあるたびに神棚や仏壇に酒を供えるではないか。また、家を新築するときには地鎮祭か上棟式で酒を撒《ま》き、船の進水式にも海に酒を撒いたりするではないか。

ゆえに、「乾杯！」の対象は、神仏ということになるのである。卑近な言葉でいうと、「神さん、仏さん」ついで「ご先祖さん」が、私たちの第一の乾杯相手ということになるだろう。その前で、参列者の健康と多幸を祈念するのである。

「乾杯」という言葉の使用は、歴史的に新しい現象である。江戸時代の文献からその風俗を引きだすことができないところから、近代以降の流行とみるのが妥当である、と前項でも紹介した。しかし、オミキ（御神酒）を下げて祝杯の慣習は、相応に古い。神仏に酒を供え、それに人々が相伴する。そこで「乾杯」とはいわなかったが、それと同じ意味と意義をもって神仏と人々が盃を交わしたのだ。今日に伝わる言葉では、直会《なおらい》（一定数の祭員による宴）。そこでの「神人共食」の代表的な馳走《ちそう》が酒なのである。

もっとも、神々の前に酒を供え、同時にその酒を参集者にふるまって宴《うたげ》を催す祭りの形式は、われわれ日本人にかぎったことではなく、近隣の民族にも共通することである。

たとえば、筆者がフィールドワーク（臨地調査）でたしかめた範囲でも、ヒマラヤ山中のチベット社会では、ラマ（仏教僧）が祈禱を行なうときには仏前にチャン（麦が主原料の醸造酒）やロキシー（その蒸留酒）を供え、呪文《じゅもん》をとなえながら指先でその酒を前方に撒いていたものだ。また、台湾の山地のアミ族（日本人が俗に高砂族《たかさご》と呼んできた山地民のなかの一部族）の社会では、山に猟に入るとき長老がビーチュウ（焼酎《しょうちゅう》）で祓《はら》いをしていた。そのあとで、山に入る者がビーチュウを一口ずつ、まわして飲んだ。中国や韓国での伝統的な行事のときも、なみなみと注がれた酒が供されて分配される例がよくみられる。

もっとも、世界には、酒をもたない民族もいる。狩猟民や遊牧民などは、もともと飲酒の習慣をもたない例が多い。また、イスラム教徒やヒンドゥ教徒も原則的には飲酒を戒めている。だが、そうした例外をのぞいた多くの民族社会では、酒が神々と人々をつなぎ、ハレ（非日常）の世界をつくる——という仮説はなりたつであろう。

もちろん、酒は、ただ馳走であるというだけでなく、そこに含まれるアルコールによる酩酊《めいてい》作用がハレの世界をつくるのに適していたから重用されたのである。そして、その延長上に非日常的な音楽や舞踊も生まれたのである。

五十串《いぐし》立て　神酒《みわ》すえ奉《まつ》る神主部《はふりべ》の　雲聚《うず》の玉蔭《たまかげ》見ればともしも（『万葉集』巻一三）

とくに、われわれ日本人の社会は、古来そのつながりが密接であり、大事であったといえう、歴史的な形跡がある。たとえば、神酒《みき》徳利《どくり》（瓶子《へいし》）とか角樽《つのだる》とか雄銚雌銚《おちょうめちょう》、三々九度《さんさんくど》盃《さかずき》（三ッ重ね盃）など、神々と人々をつなぐ専用の酒器をこれほどに発達させている民族は、世界でも稀《まれ》なのである。

それらは、いうまでもなく、行事を演出する小道具なのである。ということは、日本の酒は、カミなくしては発達をみなかった、といって過言ではあるまい。世界でもそれがもっとも顕著であった、といっても過言ではあるまい。

サケの語源考

御神酒は、その表示からして清浄な酒という意が明らかである。

が、そもそも、サケ（酒）という言葉そのものが清浄な響きをもっているのである。サは接頭語。ケは、『広辞苑』をはじめ辞書では、「香」と同源、と説明する例が多い。しかし、「食」、あるいは「饌」としてもよいのではないか。「御食《みけ》」の食である。接頭語も、ただ語調をととのえるだけではあるまい。「斎庭《さにわ》」の斎と同様に「斎食《さけ》」と書いてみるとどうだろうか。清らかな食べもの、と相なる。

ひとりサケだけではない。ひとりサニワだけではない。サナエ（早苗）、サオトメ（早乙女）、サヤマ（斎山）など、サを接頭語とする類似例がいくつかある。そして、その場合のサは、清浄なこと、無垢《むく》なことの意で共通する。

もっとも、言語学上では、そこまではいえない、とおっしゃるむきもある。が、言語学の成立以前から言葉はさまざまに相関して発達をみているのである。言語学の解析法で、古い言葉すべてが解明できるとはかぎらない。たとえば、そこでは同じ接頭語でも別々な意味をもつこともありえるのではあるまいか。ただ語調を整えるだけの接頭語（サ）もある。それも認めなくてはならないが、ここではサをもって特別な意味を冠した、とみるのがむしろ妥当であろう、と思えるのである。

サケは、古くは野郎（男）言葉であった。これは、言語学上でも認められている。そして、女房（女）言葉がササであった。

さて、ササとなれば、ただの接頭語だけを重ねたとはいえまい。それでは、意味不詳となる。この場合は、清浄なるもののサにもうひとつ接頭語が加わった、あるいは清浄なるものをより丁寧に表そうとした、とみるのがよろしいのではあるまいか。

ちなみに、江戸期に刊行の古書（成立は平安期）をひもといてみる。『和名抄《わみょうしょう》』（『倭名類聚抄』）には、サケに「佐介」という字をあて、「五穀、華味之至也」とある。また、『倭《わ》訓栞《くんのしおり》』には、「酒といふは栄えの義」とある。さらに、『名言通』『日本釈名』なども同様に、「さかえ」とか「さくる」という解釈をとっている。

もとより語源については、さまざまな解釈があってよろしいのである。ただ、「華」とか「栄」、いずれもめでたいところに本義を求めているのだ。サケは、もとより御神酒に相当するハレの馳走だった。そのことは、相違ないのである。

それが、現代の酒の銘柄にも関係する。

たとえば、神聖・神鶴・神露・白鶴・白鹿・白鷹・千歳鶴・千福・松竹梅など。周知のとおり、縁起のよい名前がつけられている。それも、神酒をたたえ、その由来を表すものが少なくない。これをもっても、きわめて日本的な酒の位置づけが明らかになる、といえるのである。

しかし、私たちの日常的な意識は、すでにそうしたところから遊離している。すっかり酒のありがた味が、薄らいでいる。むしろ、飲酒習俗が日常生活のなかに拡散して久しく、その結果、身体へのアルコール障害がとりざたされる昨今でもある。

とくに、ここでいう酒は、いうまでもなく日本酒のこと。ビールやワイン、焼酎にもおされ、近年の日本酒の消費量の減少傾向は、目をおおうばかりである。それは、ひとり日本酒にかぎらず、日本の伝統文化全体に対する認識や愛着の後退、といってよいのであろう。

　酒に明徳の誉あり　しかも百薬の銘を献ず

とうたわれたのは、室町時代であった。

いま一度、酒のありがた味をあじわってみたい。といっても、飲むのは人それぞれ好きである。文化としての酒への理解をもう少し深めてみようではないか。そこで、あらためて神事や仏事における酒のとりあつかいはどうなっているか、とくと観察するところからはじめてみよう、と思うのである。

御神酒のもとは一夜酒

日本には神社・仏閣は数多くあり、神事や仏事も数多い。そして、地方や宗派ごとに神事や仏事の形式がちがってくる。ということは、当然、本来は神饌《しんせん》や供物《くもつ》にも差異があるわけである。

神饌の最上位は酒

しかし、現在に伝わるそれらには、かなり画一化された形式がみられる。本庁とか本山の意向が地方の社寺にまで影響を及ぼしており、そのところでの中央集権化がうかがえるのである。とくに、神事と神饌については、明治元（一八六八）年の「神仏分離の令」（廃仏棄釈）によって神道が国教化した時期があり、それにともなって俗にいう「明治祭式」が式部寮（もとの神祇省《じんぎしょう》）から示された、その影響が大きかった。官幣諸社を対象とした官祭式の規定が明治六年、一般の神社を対象とした祭式の規定が明治八年に布達されており、以後それが一般的な祭式儀礼の標準となってくるわけである。

神饌にかぎっていうと、たとえば、祭りや社格によって若干のちがいがあるが、大別すると二通りの形式が標準となった。

○和稲《にぎしね》・荒稲《あらしね》・酒・餅《もち》・海魚・川魚・野鳥・水鳥・海菜・野菜・菓・塩水
○和稲・荒稲・酒・海魚・海菜・野菜・菓・塩水

ここでは生饌《せいせん》が中心となっている。それをもって、「日本の神様は、生ものが好きなんだ」という人がある。が、それは、早計である。明治国家におけるある種の中央集権、公的祭式の統制があっての生饌偏重というべきで、それは、宮中儀礼や伊勢神道のあり方を基にして標準化をはかったものなのである。とくに、そこでは「新嘗祭《にいなめさい》」に代表される収穫儀礼が重視されることになり、それが生饌偏重をうながした、といえるだろう。以来、その形式が全国的に神社祭式の表層を覆うことになったのである。

一方で宵宮（前夜祭）や頭屋《とうや》（当屋）行事などには、それ以前からの土地土地の旧慣が連綿と、あるいは細々と伝えられている。そこでは、むしろ熟饌《じゅくせん》が主流にある。そのことはまた後述するが、日本の神様はけっして生もの好きなのではない。少なくとも、神様に食してもらうための神饌であれば、もちろん熟饌でなくてはならないのだ。それが証拠に、時どきに家庭で神棚や仏壇に供えるのは、ご飯であったり、お茶であったり、菓子であったりするではないか。

しかし、ここで問題なのは、明治になって生饌が主流化するなかで、酒だけはその地位を失わないで残った、という事実である。酒は、どこまでも神饌の中心的な存在なのだ。それをたしかめるには、神前に神饌が献じられる状態をみるのがよい。酒は上段の正中（中央）に置かれているはずである。

そして、神主が祝詞《のりと》を奏するときも、それらの神饌にふれるはずであるが、「御《み》飯《け》、御《み》酒《き》、御餅《みかがみ》を始めて種々《くさぐさ》の物を……」と続くのである。その順序が前後することは、まずない。酒は、数ある神饌の品目のなかで飯、餅とともに最上位に扱われているのだ。そして、そのところにおいての熟饌三種は、生饌よりも上位概念として伝えられているのである。

さらにかぎっていうと、飯と酒がなくしては祭りがはじまらない。古式をたどれば、なおそれが明確になってくるはずである。

宇佐八幡神社の神饌

そこで、まずは郷里（岡山県井原市美星町）の宇佐八幡神社の宵宮（前夜祭）の神饌を例にとってみる。宵宮の祭典への参列者は、本祭典（次の日の昼間）に比べると少ない。見物人もいない。神主と頭屋（ここでは当番という）、それに氏子総代で夜半にひっそりと執行される。しかし、旧来の古式というものは、概して、そうしたところに残存しているものなのである。

飯（三方《さんぼう》に一台）
酒（神酒徳利に一対＝三方に一台）
餅（鏡餅二重ね＝二台）
白米（一台）
荒米（玄米＝一台）
海老《えび》（生海老を一台）
塩（一台）
麴《こうじ》（一台）
杓桶《ひしやく》（柄を除いた小桶《こおけ》だけ）

そこに、麴と杓桶が献じられていることにご注目いただきたい。

祭典が済んでしばらくして、神主の一人が御幣《ごへい》を襟に差しサカキ（榊）の一葉を口にくわえて（潔斎の姿勢を示す）、本殿に昇る。そのことに気づく人も少ない。

その神主は、しばらくのあいだ本殿に籠《こも》り、酒（甘酒）を造るのである。これは、秘事とされているわけではないが、場所が場所だけに一般の人はのぞきにくい。しかし実際は、単純な方法がとられているのである。

神主は、まず祓いの祝詞《ことば》を奏し、口祝詞《くちのりと》をもって神事の本意を述べる。

「掛巻《かけま》くも畏《かしこ》き宇佐八幡神社の大神の御前《みまえ》に、古き例《たとえ》の随《まま》に酒醸《さけと》きの神事をとりおこなわんとするさまを平けく安けく聞こしめし給え。御前《みまえ》に供えまつる種々物《くさぐさのもの》のうちより、大神たちの愛《め》でし神飯《みけ》、神麹《みこうじ》を授け給わば、三十一《みそひと》文字の呪文《となえごと》もちて甘き辛き神酒《みき》を醸《と》き満たさんとす」

そして、まず杓桶（小桶）をとる。以前は曲物《まげもの》であったが、いまは金属製の桶である。次に、飯を少量それに入れ、麹をふりかける。それを三回ばかりくりかえし、箸《はし》でかきまぜたあと、呪文《じゅもん》をとなえながら中央を高く盛り固める。この間、十数分、飯が冷えているので箸で丹念にかきまぜる必要がある。最後に、桶に奉書をかぶせ水引で封じ、あらためて三方に載せて神前に供えるのである。

つまり、模擬的に一夜酒《ひとよざけ》を造るのである。もちろん、その酒は、次の日の本祭典が終わったあとの宮座《みやざ》の直会《なおらい》でひと口ずつ分け飲まれる。もっとも、水でうすめて煮たてただけでは味が乏しいので、少量の酒を加えるようでもある。

別に酒（清酒）が供えられているのに、と懸念されるむきもあろうが、時代を経ての文化複合とは、そんなものなのであろう。新しい要素（この場合は、清酒）がとりいれられたのちも、古い要素（甘酒）が併用されて伝わる例もある、と諒解すべきではないか。

一夜酒のさまざま

古くさかのぼってみると、そうした一夜酒が多用されていたのであろう。そして、その故事をしのぶかたちで、のちのちまで神饌に残されたのであろう。

一夜酒を神饌とする例は、もっともよく知られるところでは奈良の春日《かすが》大社の勅祭（三月一三日）のそれがある。

そこで神饌とされる酒は、二種類ある。そのひとつは清酒で、これは、ホトギ（缶）といわれる土器に入れられている。もうひとつは濁酒《にごりざけ》で、これは、ワゲモノ（曲物）といわれる木器に入れられている。いずれも、口を白布で覆い、木綿で結わえて封をして神前に供される。

とくに、この濁酒をここでは「一宿酒」と呼んでいるが、むろん一夜酒と同義語であろう。

また、この場合の濁酒は、つまり「白酒《しろき》」である。そして清酒は「黒酒《くろき》」である。時どき間違われやすいことではあるが、古くは、澄んだ水の色を黒と表現したので、清酒が黒酒なのである。

なお、春日大社には日本で最古（鎌倉時代造）といわれる酒殿があり、右の濁酒は現在でもそこで醸《かも》される。そして古来、そこに住みついているカビが作用して独特の香味が生じる、といわれている。

さらにまた、私がよく知るところでは、広島県竹原市の田万里《たまり》八幡神社の秋の例大祭では、太い竹筒に入れられた一夜酒（飯と麹を混ぜたもの）が献ぜられる。これも、古風を現在に伝えている。

俗に甘酒祭りとか濁酒《どぶろく》祭りという、白酒を中心的な神饌とする祭りも各地にある。たとえば、岐阜県の千虎白山《はくさん》神社では旧正月一一日、埼玉県の北葛飾《きたかつしか》神社では九月九日にそれが行なわれている。また、岡山県の備前《びぜん》地方の秋祭りや長野県の南安曇《みなみあずみ》地方の道祖神祭りなどでは、各家で甘酒を造る慣行が伝えられている。

古くは、一夜酒のひとつに口醸《くちか》み酒（唾液酒《だえきしゅ》）があった、と伝わる。これを一夜酒の源流、というべきかもしれない。その場合、「醸《かも》す」は、「醸《か》む」が転化したもの、とする説が有力となる。

君がため　醸みし待酒安の野に　独りや飲まむ友なしにして

『万葉集』（巻四）にも、口醸み酒であろうと思われる歌がある。巷間《こうかん》、処女がその口醸み作業を担当した、という説が根強いが、中・近世以降の文献上でほとんど事例が拾えないのでたしかでない。もちろん、民俗例にもその実例は伝えられていない。

だが、唾液のなかのアミラーゼの作用で穀物中のデンプンが糖化する（微アルコール化もする）のは道理であるから、その存在を疑うべきではない。そして、そうであれば、無《む》垢《く》な乙女に醸《か》んでもらうのがよいにきまっているではないか。

事実、世界中をみわたしてみると、太平洋諸島では今世紀初頭までそれが伝えられた例があるし、南米のアンデス高原のトウモロコシを原料とするチチャもともとはそうして造られていた。わが国でも、沖縄にかぎってのことだが、近世のころまでは行なわれていた、というわずかな記録もある（『倭訓栞《わくんのしおり》』や『武備志』など）。

ここでとりあげるのは、飯か粥《かゆ》を微発酵（自然発酵）させた一夜酒である。それが、文献上では天甜酒《あめのたむさけ》や八醞酒《やしおりのさけ》にも展開するのであろう。

天甜酒は、『日本書紀』の「神代巻」にでてくる。「甜《てん》」を甘味、あるいは美味と解釈すれば、一夜酒に近い甘酒としてよいのではなかろうか。もっとも、神話の世界であるし、歴史的にも醸造学的にも位置づけがむずかしいところである。

八醞酒は、『古事記』にも『日本書紀』にも登場してくる。素戔嗚命《すさのおのみこと》が八岐大蛇《やまたのおろち》を退治するときに用いた強酒《こわざけ》がそうである。

ここではその言葉どおりに一夜酒に少し手が加わったもの、としておこう。つまり、「醞《しお》る」は「搾《しぼ》る」と同意語として、甘酒状のものを搾って粕《かす》をとり除き、それにまた飯か粥かを加え再発酵させる。それを何度かくりかえして得た比較的アルコール度の高い酒、と想定できるのである。さらにうがって考えると、清酒造りで今日一般化している三段仕込みをも連想させる醸熟法、ということもできよう。

いずれにしても、古くは、これら一夜酒の系統が広く分布していたはずである。

ところが、もう一方に、米の粉を原料とした酒もあり、それも祭りや行事に供えられてきた形跡がある。それを、シトギ（粢）という。あるいは、シトギ酒という。

一般には、白米をあらかじめ水に浸しておいて、それを石臼《いしうす》でひく。すると、湿り気のある白い粉ができる。厳密には、これをシトギという。それを水や湯でといたものがシトギ酒であり、練りあわせたものがシトギ餅なのである。

わが国最初の漢和辞書ともいえる一〇世紀の『和名抄《わみようしよう》』に「之度岐」という表記ででてくるが、これをシトギと読めば、古い言葉には相違ない。

このシトギは、粉食系であり、一般的には団子餅が多いことから、そもそもは仏教系の供物、とする説もある。だが、そうともいえないところがある。洗米《せんまい》（散米）というのも、シトギの一種とするのが妥当であるからだ。水に浸して乾かした米。それは、現在でも神社の神饌として広く用いられている。それを氏人が授かると、神米となる。神米は、ふつう紙に包んであり、神札（護符）と一緒に授与されるもので、これを飯に炊きこんで食するとおかげがある、とするのだ。

この一件をもってしても、神饌としてのシトギを無視するわけにゆかないのである。

しかし、残念ながら、シトギ酒の方は、残存例が少ない。私が実際にたしかめたのは、奄美《あまみ》大島（鹿児島県）での祭礼のときだけである。

広義の意味での琉球《りゅうきゅう》列島（奄美群島から南西諸島まで）では、ノロ（祝女《はふりめ》）とかユタ（巫女《みこ》）に代表されるように女性の祭主や祭員を中心に神事がとり行なわれる例が多いが、そのとき自製のシトギ酒が用いられた形跡がある。奄美大島では、八月踊り（旧暦八月、収穫を終えたあとに行なわれる豊年祭り）のときに、女たちが一椀ずつシトギ酒を神社に供えていた。

あとでそれを飲ませてもらったが、ひとことでいうと、米のジュース以外の何物でもなかった。しかし、強いていえば、微発酵状態の濁酒ということもできる。しばらく時間をおくと、空気中の雑多な酵母によって、多少の発酵作用が期待できるのである。

いずれにしても、古くさかのぼればさかのぼるほど、酒は、アルコール度が低く、単味で素朴な味であった、としなくてはならない。

醸造技術が未発達な時代は、それでも、馳走であったに相違ない。ただ煮炊きするだけでなく調理技術がそれなりに手がこんでいて微妙な旨味を呈するというだけで唯一ハレの飲料であったのだ。ゆえに、神々に供え、人々も相伴する、いわゆる神人共食の馳走として尊ばれてきたのである。

飯も酒も餅も原料は米

米は「ハレ」の食物

祝詞《のりと》のなかで、神饌《しんせん》の順位を「御飯《みけ》、御酒《みき》、御餅《みかがみ》……」と記している、と前に記した。飯に酒、それに餅——もちろん、かつては最上の馳走《ちそう》であったのだ。

この場合、かつてというのは、まことに大ざっぱな時代感覚になるが、日本に稲作が伝来、伝播《でんぱ》してからのち第二次大戦後のころまで、としておこう。それは、米が経済的な価値基準となっていた時代、といってもよい。

そこで、神饌の飯・酒・餅は、米を原料として、それも米だけでつくられていることにあらためて注目しなくてはならない。つまり、米がハレの食材であったからなのである。

従来、日本人の主食は米の飯である、といわれてきた。それは、一面の真理である。しかし、歴史を通じてどの時代も、すべての日本人が米の飯を主食として食べてきたわけではない。

周知のように、現在の日本では稲作の減反政策がすすめられており、米が過剰であるということになっている。それは、日本人がパンや麵《めん》など諸外国から輸入する穀物原料をもって粉食の形態をとりいれたこと、ことに戦後は、とくに大幅なとりいれ方をしてきたことによって、相対的に米の消費量が減ったからにほかならない。もし、何らかの事情で諸外国からの輸入路が閉鎖された場合、現在の日本でも、米が全国民の全食をまかなう絶対的な食糧にはなりえないのである。

ちなみに、農林水産省の「作物統計」によれば、昭和六三（一九八八）年度における米の収穫量は、水稲九八八万八〇〇〇トン、陸稲四万六八〇〇トン、水陸稲の合計では約九九三万五〇〇〇トンである。ただし、このうち約一五万トンは加工原材料用に向けられているので、主食用としての供給量は、九七八万トン程度となっている。それを、昭和六三年一〇月現在の総人口約一億二三〇〇万人（総務庁統計局の発表による）で割って得た国民一人あたりの米の平均供給量は、一年あたり約七九・五キログラム、一日あたり二一八グラムたらず（約一合半）にすぎない。

もちろん、これはあくまでも換算数値であって実際の供給量ではないが、ひとつの目安にはなるだろう。そして、それ以降もこの目安量は、減りこそすれ増えることはないのだ。そうしてみた場合、われわれの米の自給量は、いかにも不十分であることが明らかになる。米を唯一の主食とした場合、それでたりるはずがないのである。

米を食べられるようになった「配給米制度」

時代をさかのぼって、第二次大戦時の配給米制度をふりかえってみよう。「米穀統制配給法」、すなわち配給米制度が実施されたのは昭和一四（一九三九）年のことである。それによって国民が総力をあげて臨戦体制をつくろうとしたのである。その制度下における国民一人あたりの配給米は、当初は一日二合三勺であった。それが戦況の激化にともない軍隊への配給を最優先（増量）したために、一般への配給量は二合になり、やがては一合八勺まで減っている。当時は現在とは比較にならないほど深刻な状況下にあり、国家的規模で食糧の増産をめざしていたにしても、全国民に均等に米を消費させた場合、量的には相当に不足をきたす状態にあった。

しかし、それでも全国隅々にまで米がゆきわたり、日本人全体が米を食べるようになったのは、この配給米制度からのこと、といわなくてはなるまい。少なくとも、米の生産量が少なく購買力も乏しかった山間僻地《へきち》の農村部や島嶼部《とうしょぶ》などではそうであった。

もちろん、日本では、古くさかのぼれば弥生《やよい》時代（紀元前二、三世紀）から以後、稲作がさかんに行なわれてきた。いちいち例をあげるまでもなく、どの時代においても、水田を開拓し米を量産することが、為政者の中心的な政策となっていた。しかし、どの時代でも、日本の国土における稲作は、全国民の全食をまかなえるだけの生産量をあげることはできなかった。そして、最後まで米を食べることに縁遠かったのが、じつはその生産者である農民たちだったのである。

それは、日本に古くから「六公四民」「七公三民」という言葉があることからもわかるように、農村においては、収穫した米の半分以上を非農民（多くは都市住民。時代によっては多数の軍人も含まれた）に供出する責務を負わされていたからである。別の見方をすると、米を動かすことができたのが政治経済の権力者であり、米は権力の集中するところ、つまり都市部に集められたくわえられたのである。

かつて、そうした米には霊力が宿る、とされた。

そして、米は「霊穀《ちから》」とも呼ばれた。

「いまわの米粒」（振り米）の話をご存じであろうか。各地の農山村に伝わっているもので、死期におよんだ病人の耳もとで米粒をいれた竹筒を振り、いますぐに米を食べさせてやるから元気をだせ、と励ます話である。

米の飯を食べるのが悲願だったから、せめて米の音だけでも聞かせてやろう、という思いとともに、米の霊力で生命力をよみがえらせてほしい、という願望もこめられていたのであろうことは想像にかたくない。そして、この話が農村部に広く分布することに意味があるわけだ。それは、とりもなおさず、農民はイネをつくるが米を口にしにくい状況におかれていたことを物語ってもいるのである。

そうかといって、都市の住民も、米を十分に食していたわけではない。たとえば、稲垣史生編『三田村鳶魚《えんぎょ》 江戸生活事典』や渋沢敬三編『明治文化史 生活』などを参考に類推してみると、江戸の町では、文化・文政（一八〇四―三〇）のころまで職人をのぞいては一日二食であった。

とくに、江戸の人口が急増していった江戸中期になると、江戸市中での食事を二食に厳守するようにとの幕府令（倹約令）が出されたりしている。そして、実際に江戸の町に集められた米は、一人一日二食分平均しか流通しなくなっている。江戸の町で一日に三食が一般化するのは幕末から明治のころ。それは、東日本各地での新田開作が進んでからのことであった。

たりなかった米の供給量

一方、生産量の半分以上もの米を都市部に供出していた農村部ではどうであったのだろうか。

農家とひと口にいっても、時代のちがい（農耕技術のちがい）や地域のちがい（気候のちがい）、それにかつては諸藩ごとの規制と地主、小作の立場のちがいなどがあって一様ではない。それをあえて大ざっぱにならして考えてみると、日本の農家は、一戸平均五反（五〇アール）ほどの水田と五反ほどの畑を耕作して農家経営を成り立たせてきた。いわゆる「五反百姓」（水田五反）を基準にしてよかろう。

とくに、西日本で自給的な村落の成立起源をもつところでは、その傾向が強い。全国的に大規模な水田開作が広げられるのは近世以降であるが、それでも小作農まで均等に水田を配分してみると、五反が六反に増えるほどの面積は期待できないのである。

その五反ばかりの水田から収穫される米の量だが、現在では農業技術の発達により反当りの収穫量が一〇俵（一俵は四斗、玄米で六〇キログラム、精白米で五六キログラム）にもあがる例が少なくない。しかし、江戸時代から戦前まではそれほどの差異がなく、全国的にならした場合、一反の平均収穫量は五、六俵といわれてきた。したがって、五反では上《じょう》で三〇俵ほどになる。

一農家の米の生産量が三〇俵、その半分を都市部に供出すれば残りは一五俵、つまり六〇斗（六〇〇升・八四〇キログラム）である。そこで、六人家族の農家を例にとって考えた場合、一人三食とも米の飯を食べるとすれば一日最低五合（約七〇〇グラム）、六人で三升（約四・二キログラム）が必要である。そうすると六〇〇升は二〇〇日分、ほぼ一年の半分の量にしかならない、ということになる。

六人家族でこの程度であるから、八人、一〇人という大家族もめずらしくなかったかつての農家では、米だけをもってすれば、おそらく一年の三分の一ぐらいの主食量しかまかなえなかった。いずれにしても、米のかわりに何かを補充して食べていかなければならなかったのだ。白い米の飯は、あくまでもハレの馳走としなくてはならないのである。

日本の国土は、全人口の全食をまかなえるだけの米の生産量、つまり水田面積をもちえなかった。が、さいわいなことに、畑で、米にかわって主食となりうる作物のムギ・ヒエ・アワ・イモ・ダイコンなどをそこそこ生産できた。それに、季節ごとに木の実や山菜など山野からの収穫物にも恵まれていた。そこで、米のたりない分をそうした畑作物や採集物でおぎなうという食べ方の工夫がなされてきたのである。

糅飯と雑炊

その代表的な食事が、糅飯《かてめし》（少量の米に雑穀や根菜を混ぜて炊いた飯）や雑炊《ぞうすい》の類であった。つまり、かつての農山村においては、米よりもむしろそれぞれの土地で収穫できた畑作物を主体とする糅飯や雑炊こそが主食だったのである。ことに、戦前まではその傾向がつよかった。

このことは、たとえば中央食糧協会編『郷土食慣行調査報告書』に収録されている、昭和一八、一九（一九四三、四四）年に行なわれた全国の農山村を対象とした食生活調査の結果からも明らかである。

この調査報告は、戦争が世界的規模に拡大してゆくなかで、日本人は外米《がいまい》や小麦粉などの輸入食料に頼らず、どれだけ自給が可能かを講じるための基礎資料となったもので、原初的な食事例を知るには非常に価値がある。

そのなかから、一例をひろってみよう。

たとえば、群馬県利根《とね》郡片品《かたしな》村の場合——。

当時の平均的で日常的な食事形態をみると、まず朝食には焼餅《やきもち》（コムギ・ヒエ・トウモロコシ・ソバを材料とする）か粟飯《あわめし》（アワ七割・米三割）のいずれかを食した。昼食は粟飯で、味噌汁《みそしる》の中に野菜を入れておかずがわりにし、これにふつう漬けものを添えた。夕食はおもに麦飯（ワリムギ七割・米三割）で、折々にうどんを食したが、これはどちらかといえば馳走であった。

この片品村にかぎらず、関東・甲信地方の農村では、麦飯・稗飯《ひえめし》などの糅飯（いずれも米の割合は半分以下）を中心に、焼餅やうどん・そばなどが多食されていた。関東から信州にかけての一帯でこうした粉食形態がよくみられるのは、全体的にみて畑作地が多く、比較的に気候が乾燥しているので、とくにコムギ栽培が定着していたからである。高温多湿な西日本の畑作地方では、それにかわって、イモ（とくにサツマイモ）の生産、消費量が多くなっている。

以下、戦前の食生活の実情に詳しい宮本常一『食生活雑考』から事例を引用してみる。

鹿児島県の奄美大島あたりでは、イモ（サツマイモ）とムギとが半々ぐらいの飯を食べていた。奄美大島でも喜界島《きかいしま》でも屋久島でも、米飯を食することは祭りや行事日以外はほとんどなかった。屋久島では、イモを切ってムギの上にのせて炊く。そして、炊けたらイモやムギを混ぜて食べる。それに、カツオの煮汁（カツオと野生の草を煮た汁）をつけあわせて食べた。

大隅半島から熊本県の球磨《くま》地方、宮崎県の米良《めら》・椎葉《しいば》地方にかけては、冬期にイモと猪肉が主食だったところもある。肉がない時期には、ヒエとムギの糅飯や、ダイコンの葉を干してこまかくきざみ、味噌とムギを炊きあわせた雑炊などを主食とした。

四国から中部地方の山地にかけては、サトイモが重要な主食物のひとつであった。ゆでたり焼いたりして食べるだけでなく、練りつぶして餅状にして食べることも多かった。これをかい餅（掻《か》き餅）という。四国の山地などでは、正月に米の餅を搗《つ》かず、かい餅を馳走とした、という事例もある。

中国地方の石見《いわみ》や出雲《いずも》などの山村には水田所有が少ないところが多く、そうしたところでは、麦飯や稗飯を日常的に食べた。また、広島県の山村では、ムギとダイコンを混ぜて炊いた大根飯をもっともよく食べていたところもある。ただ、こうした糅飯は、冷めるとボロボロして食べにくい。そこで、この地方にかぎったことでもないが、とくに中国地方では湯茶をかけて食べるのが一般的であった。

大根飯が重要な主食物であったところは、かなり広範囲の山村にわたってみられる。富山県から北、秋田県へかけての日本海側一帯もそうであった。

少し変わったところでは、能登半島の鱈飯《たらめし》がある。タラの頭と尻尾《しっぽ》をはね、大きな鍋《なべ》で煮て骨をはずしたものである。そのあたりでは、タラのとれる時期になるとそれを主食にした。

また、中部地方以北の山村では、トチの実を貯えておいて、これを割って身をとり、灰汁で煮てアクを抜き、それを搗いて餅にして、冬期の主食とするところもあった。

こうした事例は、けっして特殊例ではなかった。戦前、戦中を通じて、日本人全体でみると、糅飯や雑炊こそが主食だった、ということがあらためておわかりいただけるであろう。いや、それさえも十分ではなく、時どきに木の実や山の芋類までも主食に準じる食べものとして利用してきたのである。

なお、別の統計によれば、戦後の一〇年間（昭和二一—三〇年）も、国民一人あたり一日に五〇—七〇グラムのオオムギを食べていた、とある。ほぼ三割の麦飯ということになろうか。米飯を主食とした歴史は、それほど古いことではないのである。

われわれ日本人は、長いあいだ米飯を馳走として求めつづけてきたということになる。以上、長々と説明をしてきたのは、まずは日本の食生活史における米の位置づけを明確にしておかないと、酒のありがたさが論考できないからである。

馳走とは

馳走《ちそう》とは、あらためていうまでもなくハレの日の食事である。それを調理の技術面からさらに具体的に定義づけると、まず、その材料が稀《まれ》なるものであることが前提となる。つまり、日常的には使わない食料をハレの日ゆえに使うから珍味であり美味なのである。

次に、馳走は、調理の過程でさまざま手が加わったものが多い。日常の主食や惣菜《そうざい》よりも手がこんだ料理が、つまり、馳走なのである。たとえば、餅や強飯《おこわ》は、その調理段階で〝蒸す〟とか〝搗く〟とかの手間がかかっている。盛りつけについては、料理に手を加えるということは、より美味をつくりだすということにも通じる。料理に手を加えるということは、膳《ぜん》や食器も上手物《じょうてもの》を選び、花や葉もあしらえてはなやかさを演出する工夫がなされる。

それらのいずれかの要素のひとつでも備えていれば、十分に馳走といえよう。むろん、いずれも備えていれば最上の馳走となるのはいうをまたない。その意味からも、酒はもっとも手のこんだ工程を経ており、明らかに最上の馳走といえるのである。

それは年に幾回もない婚礼・年祝《としいわい》・正月・節句・盆・祭などにだけ発揮されたものであるが、日本人の生活全体の上では重い地位を占めていた。なぜなら、婚礼・年祝などの最も晴がましい家の祝い事には、多くの客を招き家の体面や家格を考えて、如何《いか》に苦しくとも人にかれこれ言われぬだけの儀式を張らねばならぬ。酒は客が酔いつぶれるまで、米だけの飯も料理も腹一杯になるまで食べてもらい、みやげの引物をもたせてかえす。それができないでは世間に対し、祖先や一家一門に対して義理がたたず、甲斐性《かいしょう》のないものとされていた。だからこの飲食物の大きな消費の日のために備えて、平常は一層つましい生活態度をとらねばならなかったのである。（前掲『明治文化史　生活』）

米を神聖視する、したがって米の酒をも特別視する――このことは、つい近年まで日本の各地で顕著にみられた習俗なのである。

神酒を製造する神社

「許可」が必要な酒造り

さて、もう一度話を「祭りと酒」に戻す。

前述の一夜酒《ひとよざけ》、つまり甘酒やシトギ酒は、さほどの醸造技術をもたなくても造れるものである。今日的な言葉でいうと、「酒税法」に触れない。

しかし、技術的にみると、その次の段階からは、簡単には造れなくなる。つまり、濁酒《どぶろく》、清酒、焼酎《しょうちゅう》を造る場合は、いかに古来由緒ある神社や寺院の伝統行事であったとしても課税対象となるので、しかるべき公的認可を得なくてはならないのである。とくに、明治二九（一八九六）年に酒税法が制定されてからは、「酒類製造免許」が必要となった。

全国には、神酒を自ら醸造して神事をとり行なっている神社が四三社ある。平成元（一九八九）年末現在、神社本庁に登録されている神社総数は七万九〇〇一社であるから、それは、わずか〇・〇五パーセントの割合にすぎないが、まことに興味深いことである。

「神社と神酒製造」については、加藤百一氏（日本酒造史研究会）の諸論文が詳しい（『酒史研究2』に所収の「酒造り神事」、『飲酒文化』所収の「神事における酒」など)。

それによると、神酒を製造するにあたっては、まず神社側から税務署長あてに、酒の種類・製造見込み数量・製造期間・製造方法などについての申告をしなければならない。税務署ではそれを受け、酒税法第四一条の規定により、製成酒の数量・アルコール分などを検定確認した上で、酒税を徴収することになる。さらに、酒造許可の条件として、製造の酒類は神社の祭祀《さいし》用として使用するものに限ること、境内から持ちだしたり販売したりしないこと、製造数量は規定量(現行の認可限度は七キロリットル)を超えないことなど、いくつかの事項を神社側に確約させるのである。

ちなみに、酒造許可を与えられている神社のうち、清酒の製造免許を有するのは出雲大社(島根県)・伊勢神宮(三重県)・莫越山《なこしやま》神社(千葉県)の三社にすぎず、他はいずれも税法上は「その他の雑酒」となっている。つまり、大半は濁酒なのである。

神社の酒造り

酒税法による種々の制約のもとに行なわれる現在の神酒《みき》造りをみると、まずその製造量は、二〇〇リットル以下の神社が三〇社(全体の七〇パーセント)と圧倒的に多い。このうち、最少製造数量の神社は福島県の小平潟《こひらがた》天満宮で、わずか九リットルにすぎない。二〇〇リットル以上の神社一三社のうち、製造量がもっとも多いのは、「どぶろく祭り」で観光客を集めて知られる岐阜県白川郷《しらかわ》の白川八幡神社の一一九八リットルである。

原料は、むろん米である。現在は多くの場合、頭屋《とうや》など神酒造りを担当する者が氏子から集めた米をそれに当てている。したがって、かならずしも酒米《さかまい》ではなく、むしろ酒米でない場合が多い。

かつては、どこの神社でも寄進された供田《くでん》、あるいは神社が境内地に所有の神田《しんでん》があり、そこで収穫した新穀で神酒を造っていた。だが、明治初年の供田官収、昭和二三（一九四八）年の農地解放令などにより水田を失ったため、今日のような氏子からの初穂供献といった方法に頼らざるをえなくなったのである。いまも神田を維持しているところは、伊勢神宮をはじめ、宇波西《うわせ》神社（福井県）・天日陰比咩《あめのひかげひめ》神社（石川県）・熊野神社（愛知県）・杉《すぎ》桙別命《ほこわけのみこと》神社（静岡県）など十数社にすぎない。

また、かつてそこでは、神官や頭屋らがその脱穀・搗精《とうせい》にあたっていた。が、今日ではほとんどの神社が精米作業を他に委託している。

その精米歩合は、概して高い。たとえば、清酒においては出雲大社の七三・三パーセントが、また濁酒では宇賀神社（香川県）の八〇パーセントが最低である。酒蔵で常用の精米歩合に近い。精米歩合九〇パーセント以上という飯米より倍以上もの高精米歩合のものが大半を占めているのである。

仕込み水は、ほとんどの神社で古くからとくに神聖視され、神井とか神泉などと崇められている井戸や泉の水が用いられてきた。が、神社によっては、かなり遠方から湧水《ゆうすい》を運んできて使った、というところもある。

酒造りは、水の良し悪しが大きく作用する、ということは周知の事実である。古くさかのぼってみても、良水の入手に並々ならぬ苦労をしたことがうかがえる。

たとえば、和歌山市の日前《ひのくま》・国懸《くにかかす》両宮の酒造りでは、天正年間（一五七三—九二）の『古代当宮年中行事大略之事』のなかに「夜深後神人汲《く》直海谷水来」とある。深夜神人たちが遠くの聖泉から汲みあげた水を運んでいたことがうかがえる。また、東大阪市の春日神社では、神酒仕込みの前日の真夜中に、生駒越《いこまご》えのひとつである孔舎衛《くさえ》の霊泉龍口《たつのくち》の水を運んできた、という。さらにまた出雲大社では、御饌井《みけい》の水を汲みあげる前に、この井戸に神饌《しんせん》を供え、祝詞《のりと》を奏し、神舞を奉納していた、という。水の入手は、難事であり、神事であったのだ。

麴《こうじ》については、岐阜の飛驒《ひだ》一宮《いちのみや》水無《みなし》神社のように、麴造り専門の店に白米を出して委託製造する例や、長野県の御座石《ございし》神社のように専門の清酒工場に依頼して造ってもらう例もある。しかし、現在、大半の神社では市販の麴を購入して用いている。

ちなみに、各神社の麴歩合をあたってみると、二〇—三五パーセントのものが全体の七割方を占め、神酒造りは概して麴歩合が高いということがいえる。そして、麴の量が多いということは、つまりは、アルコール度の醸成を待たずに、手ばやく糖化させることを優先させる法、と解釈できる。カミは、甘い酒をお好みか。というか、古代においては、甘い酒こそが極上の馳走だったのである。

古典的な「どぶろく仕込み法」

醸造法は、多くの神社が、古典的ともいえる「どぶろく仕込み法」を用いている。醸造法については後で詳しく述べることにするが、どぶろく仕込み法とは、蒸米・麴・水の全量を一度に甕《かめ》や桶《おけ》に仕込む方法である。原理的には甘酒の仕込みと同じで、高度化した技術による清酒の仕込みとはまだ大きな隔たりがある。とくに、酒母《しゅぼ》(酵母)を使わない。

現在、伊勢神宮をはじめとして一九社(全体の四四パーセント)が、神饌の酒をこのどぶろく仕込み法に頼っている。

だが、さらに完成度の高い醸造法を用いている神社もある。

現在の一般的な清酒の造り方は(これも、詳しくは後述する)、安定した糖化とアルコール発酵をはかるため麴と酒母を併用する方法がとられている。仕込みは、慎重を期して一—三回に分け、蒸米・麴・水と酒母をあわせる、醸造用語でいうところの一段掛法、二段掛法、三段掛法をとる。これを、また三段仕込みともいう。しかし、そこは専門の杜氏《とうじ》や設備をもたない神社であるから、三段掛法を用いるのは四社だけ、二段掛法が九社、一段掛法が一一社である。

　もっとも、完成度を高めようとすれば、専門家に頼らざるをえないところがある。その時期に近くの酒蔵から杜氏を派遣してもらったり、ある工程までを酒蔵に委託する。そうした対策がそれぞれの神社でとられてもいるのである。

　そのことはともかく、いつの時代からか、そうした清酒系の進んだ醸造法が神社にもとりいれられた事実は、おおいに注目に値する。

　もちろん、この項では、神酒の醸造法が第一に問題なのではない。神社における神酒の造り方にも技術の変遷がみられ、現状を俯瞰《ふかん》すると、古典的などぶろく造りから完成度の高い三段掛法までの各段階がみられる、ということがひとまず確認できればよい。どういう仕込みにしろ、酒がなくては日本の神祭りは成りたたないのである。それも、米の酒。そのことは、今も昔もかわらないのである。

田出宇賀神社の酒造りと祭り

田出宇賀神社の祇園祭り

これまでに述べたように、古来、神酒造りは、神祭りに際しての重要な前駆神事であった。しかし、今日では、ほとんどの神社での祭りがその酒造り神事を省略し、市販の清酒で間に合わせている。ただ、数少ないながら、古式さながらの酒造り神事を伝承している神社もある。

ここでは、そのなかから、福島県南会津《あいづ》郡田島町（現南会津町）に鎮座する旧郷社田出《たで》宇賀《うが》神社の祇園《ぎおん》祭りにおける酒造り神事を紹介しよう。

田島町は、会津若松から南へ約四〇キロ、南会津地方の中心に位置する山間のまちである。古くは、会津若松と日光・宇都宮《うつのみや》を結ぶ街道の宿場町として栄えた。しかし、いまはそうした繁栄の面影はほとんどなく、街道沿いに開けた町並は、あくまでも静かなたたずまいをみせている。

このまちの中心から北へ少しはずれたところに田出宇賀神社はある。

街道から神社に至る参道は、会津鉄道の線路をはさんでおよそ三〇〇メートル。道の両脇には数軒の人家があるだけで、あとは一面の田んぼである。周囲をさえぎる高い建物がないため、まちを遠くとりまくなだらかな山並が、思いのほか迫ってみえる。

田出宇賀神社を訪れたとき（平成二年四月下旬）、境内の桜は満開であった。鳥居をくぐり玉砂利を踏んで進むと、正面に拝殿、それに続いて左手に神楽殿《かぐらでん》がある。拝殿の右手前に松尾神社（酒の守護神）が祀《まつ》られているのが、いかにも酒造りを今日まで伝承してきた神社らしい。境内には人影もなく、折からの春の雨が玉砂利を洗い、木々の緑をいっそう濃くしている。あたりも、静かである。

しかし、年に一度、この境内が人びとで埋めつくされてにぎわうときがある。それが、七月の祇園祭りである。

祇園祭りは、その名が示すとおり、京都のそれと同系である。そもそもは牛頭天王社《ごずてんのうしゃ》の祭りとして、鎌倉時代の文治年間（一一八五―九〇）に創始されたもの、という。その後、天正一七（一五八九）年に一時中絶され、再興されたのは慶長八（一六〇三）年のことであった。以後も時どきの変遷があり、現在の祭礼の形態が整えられたのは明治のことである。

明治元（一八六八）年、天王社が田出宇賀神社に合祀《ごうし》されて田出宇賀神社の祇園祭りとなる。さらに明治一二年、それまで別に行なわれていた熊野神社の祭りをも一緒に行なうようになって今日に至るのである。

熊野神社は、元は別な場所の別な社殿であったが、合祀以降は田出宇賀神社と拝殿を共有している（本殿は二つ並び、右に田出宇賀神、左に熊野神が祀られている）。

祭りの期間は、七月上旬から下旬にかけての約二週間。前述したが、本来祭りというものは、そのように長期に及ぶものであった。神酒造りからとりかかるとなると、それが必然なのである。

その間の祭礼行事いっさいをとりしきるのが党屋《とうや》（頭屋）組織である。その年の当番党屋組が中心となり、前年と翌年の党屋が補助にあたる。党屋の組割りは、本来は三三戸をもって一組としたものだが、現在はそのかぎりではない。平均して二十数戸。長い歴史のなかで組の数も折々に変わってきたが、近年は一三組に定着している。一組ごとに、党屋《とうや》本《もと》（党屋本陣）がおかれる。

神酒造り

祭りがはじまると、まず、七月七日、党屋組の注連《しめ》張《は》り。当番党屋組の全員が党屋本の家に会し、注連より（縄ない）作業をすませる。宮司が党屋本陣の床の間に松尾の神（松尾明神）の御幣《ごへい》を立てて注連縄を供え、組内の清祓《きよばらえ》と神酒醸成祈願の神事を行なう。その後ただちに当番党屋組の各戸に注連縄を張り、祭りの潔斎にはいるのである。

そして、いよいよ神酒造りとなる。

酒税法施行後、たびたびの申請請願の結果、田出宇賀神社にようやく神酒製造許可の免許がおりたのは、明治三〇（一八九七）年六月五日のことであった。以後、旧慣にしたがい、神酒造りは、仕込みから管理までその一切が党屋組の責任下において行なわれてきた。とはいえ、党屋組には酒造りの専門家はいない。そこで、醸造全般にわたり地元の酒造会社の杜氏《とうじ》の指導をあおぐことになる。そのあたりのことを、田出宇賀神社の宮司である室井博氏に聞いてみた。

「たしかに名目上は指導ということになっていますが、じつのところ、神酒の仕込みは、ほとんど杜氏にまかせています。ここでは、もう長いあいだ、すぐそこの国権酒造の杜氏に頼んで、米や水を選ぶことからやってもらっているんです。米は、昔は氏子から集めていたんですが、いまは、それに相当する金額をもらって、それで材料を買うというかたちですね。まあ、党屋組の仕事は、酒造りでは手伝い人夫、仕込み桶を神社に運んでからの、その管理全般ということになりますか……。

仕込みの日を決めるのも杜氏ですよ。毎年だいたい七月一〇日前後ということになってはいますがね。今年ですか、今年は九日にする、と昨日だったか連絡があったばかりです」

そして、その七月九日。朝八時から、国権酒造で蒸米づくりがはじまった。前夜に洗っておいた米（約一二〇キロ）を大釜《おおがま》（直径約二メートル）に入れ、木綿布（テント地）で蓋《ふた》をして紐《ひも》でしばる。そして、火入れ。この作業は、杜氏ともうひとりの従業員によって行なわれた。まだ、党屋組の面々は到着していない。

八時三〇分。釜から湯気がたちのぼってきた。布蓋が徐々にふくらんでゆく。やがて、湯気がさらにはげしく吹きだすようになり、釜場全体にもうもうとただよう。天井は高く、湯気を抜く口も設けられているのだが、それでも用がたりず、ときおり頭上から水滴がしたたり落ちる。

ちょうどそのころ、神社の掃除と用具の準備を終えた党屋組の面々が到着。あとは米の蒸しあがりを待つばかりである。

九時一五分。杜氏が釜の布蓋をとり、なかの蒸米をひと口つまむ。党屋組の人たちの目がその米に集中する。

「うん、まあいいだろう」

そんな杜氏の言葉が合図となり、みんな口々に蒸米をほおばる。何とはなしになごやかな雰囲気がただよう。

蒸米のでき具合を試食するには、片手で握り固める。これを、醸造用語で、「ひねり餅《もち》」

という。食味は、さらっとしており、清涼感さえある。粘り気もあまりない。これを飯として多食したら、雑味が乏しいだけに、たぶんものたりなくなるだろう。

次に、蒸米のとりだしであるが、これが何とも大変な作業であった。杜氏が釜のなかに身をのりだすようにして、シャベルで蒸米をすくい籠《かご》に移す。その籠を党屋組の人たちが肩にかついで冷却機まで運ぶ。そのくりかえしである。かなりの肉体労働であるが、みんなの表情は嬉々《きき》としており、ときおり軽口をたたきあったりしている。やはり、祭りを前にした特有の気持の高ぶりなのであろうか。

冷却機に移された蒸米は、四、五分という短時間で一気にさまされる。そして、その後、仕込み用のホーロービきのタンク（一八〇リットル＝一石入り）二個に分けて入れ、仕込み水を入れたタンクと酒母《しゅぼ》の入った木桶《きおけ》と共に神社に運ばれていった。

神社の拝殿では、隅の畳が四畳分ほどあげられ、そこに大きな藁《わら》の円座が二つ並べられている。その上に、先の蒸米の入ったホーロータンクが置かれ、いよいよ仕込みの開始である。もちろん、それは、税務署の検査官立ち合いのもとで行なわれる。

まず、タンク一個に対し一〇〇リットルの水が入れられた。さらに、麴《こうじ》、酒母の順に加えてゆく。そして、それをていねいに手でかきまぜる。蒸米のかたまりをほぐすようにしてまぜるのである。

ちなみに、今年の酒母の大きさは総米約一二キロ、麴歩合約三三パーセント、汲水《くみみず》歩合

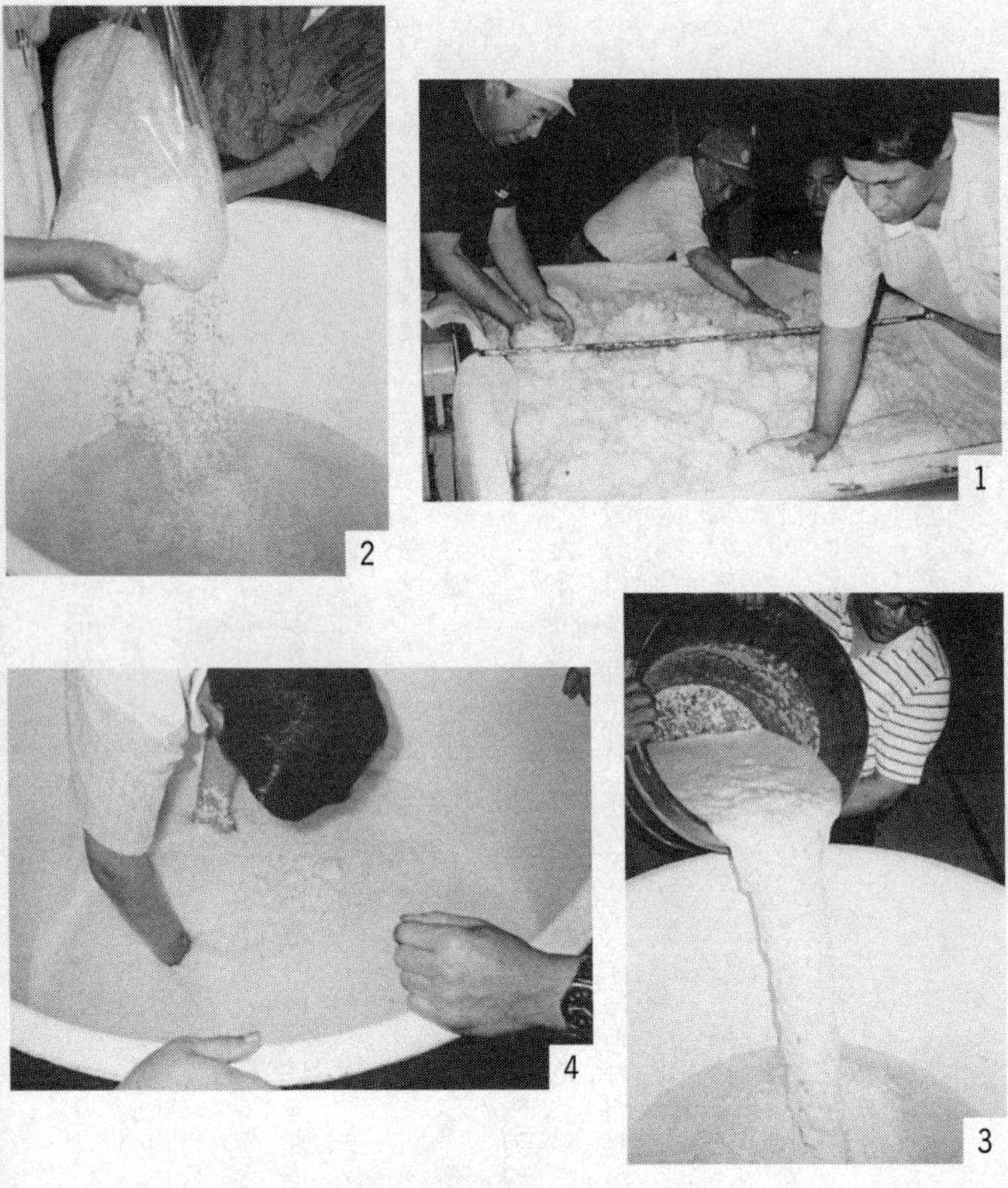

図1-1　田出宇賀神社の神酒造り
1 冷却機に移された蒸米　2 麹を入れる　3 酒母を入れる　4 ていねいにかきまぜる
5 仕込み後、松尾の神の御幣を立て、注連縄をかけて神殿に置かれたタンク　6 タンクから神酒を汲み分ける　7 党屋本陣の神棚に供えられた神酒　8 党屋本陣における神酒開きの直会

5

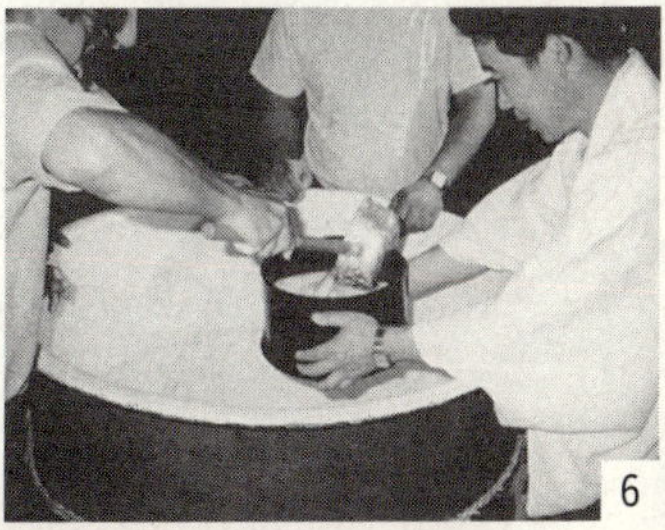
6

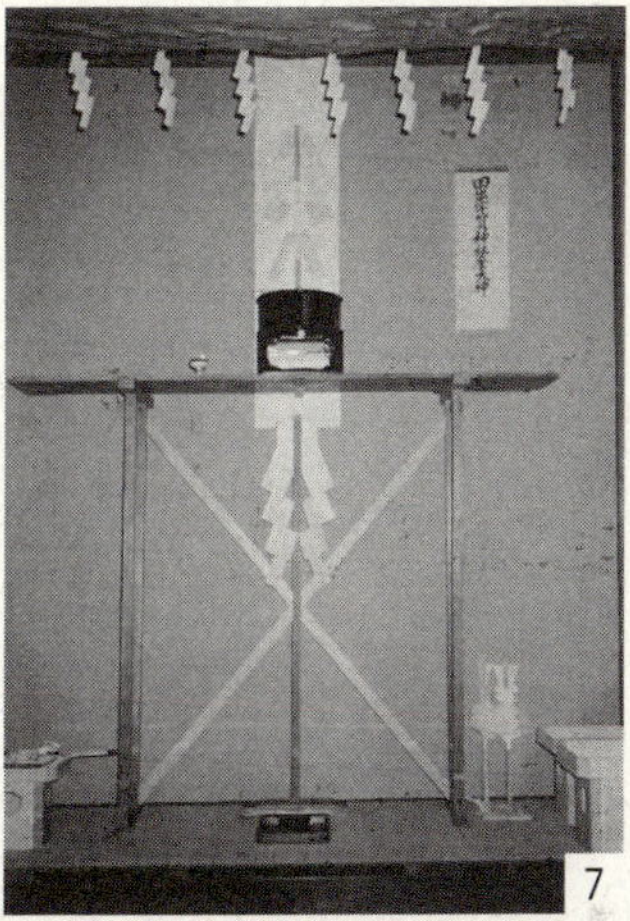
7

8

八三パーセント。また、もろみの大きさは、いずれも総米約四八キロ、麹歩合約二三パーセント、汲水歩合約九四パーセントであった。盛夏の仕込みであるから、当然もろみの汲水をつめて発酵を押さえ気味の仕込み配合となるわけだ。

仕込み終わると、二個のタンクに松尾の神の御幣を立て、注連縄をかける。この御幣と注連縄は、党屋本陣の床の間に祀っておいたものである。

その後、社務所で直会《なおらい》が行なわれた。直会における献立は、次のとおりである。

煮〆《にしめ》（新ジャガイモ・干しダイコン・ニンジン・凍豆腐・ニシン・あおみサヤエンドウ）

おひたし

黒豆煮・奴豆腐

清酒

このなかの清酒と豆腐は、党屋組が持参したものである（あとは、社務所で用意する）。党屋組は、このほかにニシン漬け（あとの直会の肴《さかな》）のために麹一升を社務所に持参する。

なお、この日から党屋組が当番制で二名ずつ拝殿内に泊まり、神酒の管理に当たることになる。

神酒開き

神酒《みき》開きは、七月一八日。朝九時ごろ、税務署係官の再検査を受けた後、まず神社備えつけの朱塗りの行器《ほかい》に神酒をとり分け、本殿に奉献する。ついで、神社用と党屋組用に神酒を配分し、前者を社務所に後者を党屋本陣に運ぶ。

神酒が党屋本陣に着くころ、神主が党屋本陣に出向く。床の間に神棚をつくり、そこで神酒開きの神事が行なわれる。

続いて直会。ここにおいて先日仕込まれた神酒の口開きが行なわれ、はじめてそれが参列者にふるまわれるわけである。この直会は、もともとは党屋組だけの参会であったが、近年は、町長・議員・署長・町内の役員ら各界の名士が招かれて盛会である。

私も飛入りながら、その席につかせてもらった。各膳《かくぜん》には以下のようなものが並んでいる。

あんかけ豆腐
ニシン漬け(身欠きニシン)
フキの煮つけ
豆腐汁
赤飯

膳も椀も本塗りである。全体に小ぶりであるのは、とりもなおさず直会が饗席《きようせき》ではないことを示している。

神酒をいただいた。

盃が口に近づくにつれ、相当に強い発酵臭が鼻孔をつく。すでに、それまで座席いっぱいにたちこめるそれをかいできたわけである。しかし、あらためて生《き》の酒の香りの強さに驚く。飲む前に、かすかにある種の拒絶反応さえ生じるほどだ。

色は、乳白色。幾度も漉《こ》してあるので、滓《おり》はない。いわゆる濁酒《どぶろく》の味、としかいいようがない。が、市販のそれに比べると相当に濃厚である。

三杯目で体がほてってきたようなので、盃を伏せた。

ところで、いまでは、神酒の仕込みは神社の拝殿で行ない、熟成後に党屋本陣に運び入れる形式をとっているが、古くは逆に党屋本陣で仕込み、神社に運んで奉献するのがきまりであった。

それは、文政八（一八二五）年の『田島鎮守牛頭天王渡御党屋式書』に、

神酒の口ひらき祭主大宮司江呼使遣候事

と記されていることからも明らかである。今日、神酒を党屋本陣に運び入れてからあらためて神主を呼ぶのは、その旧慣の名残りなのであろう。党屋本陣で神酒造りができなくなったのは、いうまでもなく酒税法の制定によってである。先に述べたとおり、神酒製造の許可を得たのは神社であり、あくまでも祭り用の神酒として神社内で造り、それを外に持ちださぬことが条件となっている。

だが、そうであるなら、現在のように党屋本陣まで神酒を運びだすのも、その規約にふれるのではあるまいか。その距離はともかく、神酒を境内の外に持ちだすことにはちがいないのである。

そのあたりのことについて、室井氏は、苦笑を交えながらいう。

「はい、そのとおりなんです。じつは、一昨年《おととし》でしたか、そのことが問題になりましてね。何しろ酒造場所として登録されているのは、この神社の地番なんですから。それで、しばらくはすったもんだしたんですが、結局うやむやになってしまいました。古くからの慣習はかえられない、と私たちも主張しましたし、まあ、お役人たちも伝統ある行事の形態だからいたし方ない、とお目こぼししたんでしょう」

さて、この神酒開きまでに、種々の準備もあわせて進められている。たとえば、参道の

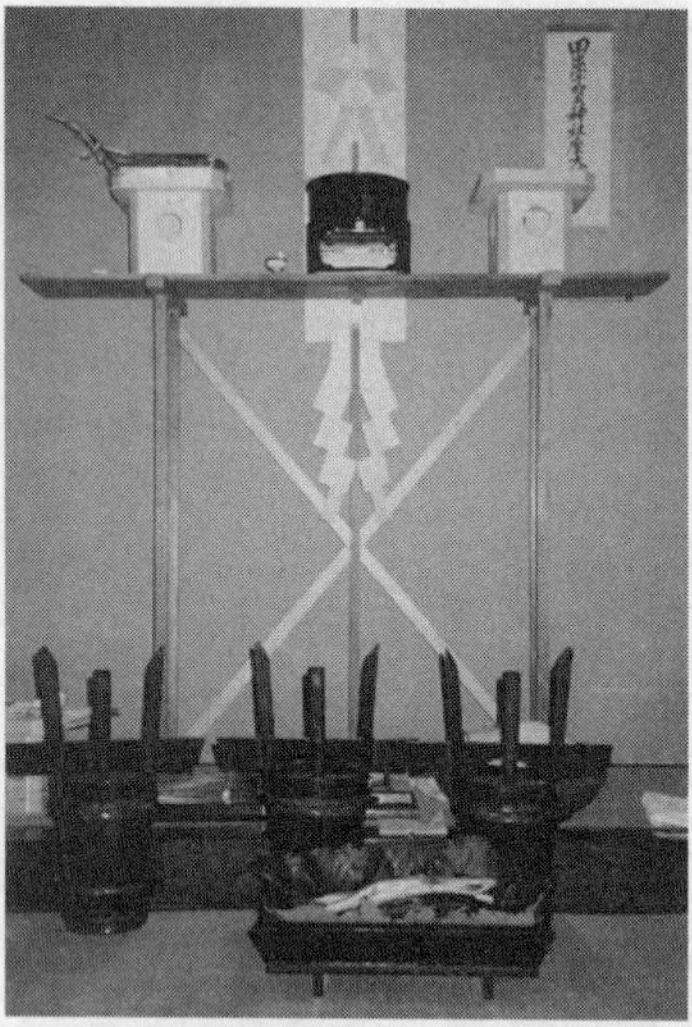
図1-2　党屋本陣の神棚に供えられた神饌

清掃や鳥居の大注連張り、党屋本陣前に神輿《みこし》渡御《とぎょ》のための神橋かけ、また祭礼中の党屋本陣の賄用の料理づくりなどである。

そして、ようやく宵祭り、本祭りの日を迎えることになる。

本祭り

七月一九日、午前一〇時から例大祭がとり行なわれる。祭典終了後、拝殿において直会となり、そこで党屋組以外の一般氏子、来賓にも神酒がふるまわれるのである。

夕方になると、西町・上町・本町・中町ごとに大屋台四台がくりだされ、各町をめぐりながら屋台上では子供歌舞伎《かぶき》が上演される。

翌二〇日。まず未明に翌年の党屋組が山に入り、楢《なら》の若木を伐りだして党屋本陣に運ぶ。これは、のちに神輿を安置した際にその四方を飾るためである。そして、早朝には、前年の党屋組が神輿を境内にだしての神輿洗いが行なわれる。

午前七時過ぎになると、七個の行器《ほかい》に神饌《しんせん》（三つの行器に赤飯、三つの角樽《つのだる》に神酒、魚台にサバ七尾）を盛り、党屋本陣から神社の拝殿まで運び入れる。これらの神饌は、いずれも両親の健在な男女が、男は裃姿《かみしもすがた》で角樽を、女は未婚者は高島田に花嫁衣裳、既婚者は丸髷《まるまげ》に留《とめ》袖《そで》（紋付）といういでたちで赤飯を持つ。そのあとから当番党屋組の面々が続き、長い行列をつくって、神社までねり歩くのである。

図1-3　田出宇賀神社本祭り〈七行器行列〉

参道沿いは見物の観光客であふれ、カメラのシャッターをきる音があちこちで聞こえる。この七行器行列は、この祭りのハイライトである。

行列が神社に到着すると、神主の手で神酒・赤飯・サバの順に神前に奉献される。そして、神事がとり行なわれ、その後ただちに直会となって、それらの神饌が参列者（党屋組）にふるまわれる。

一般の参拝者にも神酒がふるまわれる。この神酒は、神前に供えたものではなく、あらかじめ別の容器に分けて確保していたものである。

ふたたび室井氏がいう。

「こんなに大勢の観光客がこの祭りに集まるようになったのは、最近のことなんですよ。テレビや雑誌に紹介されたからです。この祭りの期間だけです、田島がにぎわうのは。でも、どぶろく祭り、奇祭として紹介されるのは、どうかと思います。たしかに、どぶろく造りではありますが、われわれとすれば、御神酒を造っているわけで、祭り本来の姿を伝えているだけで、どぶろく祭りといわれるのは本意ではありません。どぶろく祭りとさわがれるから、税務署だって色眼鏡《いろめがね》でみたりするんですし、造る量が決まっているので一般にふるまえるのに限度はあるし、正直をいうと、いささか迷惑なところがあるのです。

正統なことを伝えようとすると、特殊視される。それは、あまりありがたいことではないですね。伝統というのは重たいもの、とこのごろつくづく思います。祭りを維持していくのは大変ですが、長い歴史を考えると、どうしても私の代で終わりにしたくないと思う。先代もまたその先代も、結局、そういうことでがんばってきたんではありませんかね」

この年の党屋本陣は、湯田憲一さんであった。その湯田さんも、疲れきった表情で語るのである。

「党屋本をつとめるのは、予想した以上にたいへんなことですね。この一〇日間ばかり、我が家であって我が家でない、手足をのばして休む場所も時間もほとんどありませんでしたから。

ええ、私の父は、党屋本だけはするなっていっていたぐらいですが、こんどばっかりはお隣りに不幸があって私が受けざるをえなくなり、受けてみると、たいへんな重荷であることがよくわかりました。物入りもそうですが、一年間、粗相《そそう》があってはいけないと思って、ずっと緊張のしっぱなし。でも、代々党屋本をつとめる人があってお祭りが続いてきたんですし、私の代でくじけることがなくてよかった、と思っていますよ」

そんな室井さんや湯田さんの思惑にはかかわりなく、今年の祇園祭りも終わりに近づく。七行器神事とそれにともなう直会のあとは、神輿の町内渡御。そして、神輿が党屋本陣に着くと、前年・当年・翌年の三組の党屋本と党屋組一同が揃って出迎え、神輿前の神事がとり行なわれる。続いて、党屋本陣の神棚の前に座を移し、前後三組の党屋本夫婦が参列して神事と直会。その後、神輿はふたたび党屋本陣をでて町内をめぐり、夕刻に帰社するのである。

翌日は、党屋本陣において、神主の手によって神棚をこわす帰座の神事が行なわれる。そして、当番党屋組から翌年の党屋組へ祭りに要する諸道具が引き渡され、それによって神酒の仕込みからはじめて二週間におよぶ祇園祭りの終了となるのである。

酒造りもまた神事

酒に対する畏敬

酒飲みは　何かにつけて理屈《わけ》をいい

この手の川柳は、詠み人知らずでありながら、ところどころで語呂《ごろ》をかえながら、現在まで連綿と伝えられている。となると、そこには古今の多くの人が共感をもちえる何らかの真理が含まれている、ということができよう。

日常的に飲酒習慣が広まって久しいのに、まだわれわれは、理由なくして酒を飲むことに少しばかりの後ろめたさを感じたりしているのではなかろうか。とくに、昼間の飲酒についてはそうであろう。それは、家人や職場の批判があるからでもあろうが、そうとばかりもいえまい。われわれの深層の心理として、酒へのある種の畏敬《いけい》の念が消しがたく存在しているからに相違ない。

そうでなければ、さほど重要なできごとでもないのに、やれ仕事の打ちあげ、やれ前祝い、やれ残念会などと理由をつけて酒を飲むことの説明ができないではないか。その理由づけがほとんど習慣づけられているところに、「酒の社会性」というものがある。

むろん、無理なこじつけは避けたいところだが、日本においての酒は、本来がハレ（非日常）の飲料であり、神仏と共食するものであった。それを、ケ（日常）の日に人間だけで飲むところに、われわれの後ろめたさがある、とせざるをえない。

あくまでも、酒がハレの飲料であった、という側面で歴史を語るとき、祭りの時期や時間の設定を、また別な視点からとらえることができるかもしれない。

結論を先にいうと、かつての祭りとは、酒を仕込んでそれを飲み干すまでが、そうだったのではないか——。

各地の神社の古記録には、祭礼のはじめに「酒造り」、あるいは「酒造役」を記している例が少なくないのである。

前述の郷里の神社（宇佐八幡神社）にも、その種の記録が残されている。たとえば、元禄八（一六九五）年の『八幡宮神祇《じんぎ》覚書』には、例大祭の次第の最初に神主と新旧の当番（頭屋）の集まり（当番渡し）があり、祭りの諸役分担と進行をとり決めたあと、次にさまざまな準備に先だって酒造りが行なわれているのである。

八幡宮神祇次第ノ事
一、九月九日者《は》御当渡し　神職幷前後ノ当人参ル
一、九月十七日者《は》酒作　此方ゟ出ス申　振舞アリ
一、九月廿七日者《は》御はけ立　五人ノ名度寄合申　称以説除御酒上ヶ申　振舞アリ

つまり、この記事からは、九月一七日に酒を仕込み、二七日に神酒《みき》（御酒）あげ（醸成）がなった、ということになる。その間一〇日、むろんこれだけの説明では酒の種類まではわからないが、いわゆるどぶろく仕込みによるものだっただろうことは、想像にかたくない。

神酒あげをして神迎え

そして、ちょうど神酒あげのその日に、オハケ（御はけ）を立てた、とある。オハケというのは、道の辻とか当番の庭にしつらえられた神迎えのための仮宿である。わかりやすくいうと、降神のためのアンテナである。先に枝葉を残した太竹を立てるのが一般的で、現在でも近畿地方から中国地方にかけての頭屋神事には欠かせない依代《よりしろ》として広く分布をみている。

そのオハケが立つことによって、降神行事がはじまるわけである。ここでは、それに間

にあうように、神酒造りがはじめられた、ということに注目をしたい。もちろん、一方で、神籬《ひもろぎ》や御幣《ごへい》、注連縄《しめなわ》や薦《こも》などの祭具や、餅《もち》や干物など他の神饌《しんせん》を用意することも大切な準備作業ではあるが、なかでも酒の醸造がもっとも手間がかかることであり、また慎重を期さなくてはならない大事だったのである。

一般には、酒を購入して神酒とする習慣が広まって久しい。それで、われわれは、ともすると酒造りに無関心になりがちである。しかし、祭りに不可欠な馳走《ちそう》として自らの手である標準の酒を造らなくてはならないとしたら、どれほど慎重にならざるをえないか。その苦労は想像にかたくないであろう。

酒造りは、祭りでの大役だったのである。

現在でも、前に掲げた神酒製造の許可をもつ四三社のうち、それなりに伝統的な格式を重んじる神社の神酒造りは、ただ神饌の調整作業というだけでなく、それ自体が重要な神事になっている。そのことに、あらためて注目しなくてはならない。

たとえば、伊勢神宮では、原料米を調整するときに「御稲奉下《みしねのほうげ》」という儀式を行ない、潔斎をした神人（祭員）が臼殿《うすどの》に忌みごもって脱穀・精米に専念する、という。

また、出雲大社では、井戸水を汲《く》みあげる前に、井戸の前で祝詞《のりと》を奉し神舞を奉納する、ともいう。

それは、そうであろう。酒造りを失敗したら祭りができないのである。

いいかえれば、祭りは、神酒づくりにはじまる。神事・直会《なおらい》、神輿渡御《みこしとぎょ》やさまざまな芸能に参加した者は、馳走を食す。酒に酔う。そして、神酒を皆が飲み干したところで祭りが終わるのである。

ふだんの酒は正二合　祭りの酒は樽底つきるまで

という俚諺《りげん》がある。ハレ（非日常）とケ（日常）のめりはりがしっかりしていた、と読むべきであるが、祭りの酒については飲み干すものでもあったのだ。それは、特別に造ってカミに供えたものであるし、神人が共食するものでもあるので、他には転用できないのだ。もちろん、人びとは、ケの日には節酒せざるをえないところで、ハレの日にとことん痛飲することになる。しかし、祭りの酒にかぎって、「御神酒だから」無理強いや酔いつぶれも許されてきたのである。

もっとも、最近は、そうした神酒のありがたさも薄らいでいる。飲酒の日常化が広まって久しく、一方で祭りを維持する共同体の地盤も弱まってきた。そして、飲酒運転や乱痴気騒ぎの取締り強化など。直会でのほんの一口の神酒以外は酒をふるまわない祭りもでてきている、という。時代の流れというしかあるまい。しかし、酒を畏《かしこ》んだ日本文化は、明らかに後退してきているのである。

神秘的な酒造り

この章では、古くさかのぼればさかのぼるだけ酒は貴重品で、多くは神仏に供えて共飲するハレの馳走であった、としている。

その場合、酒掌《さかひと》（醸造人）の役割は重要である。さほどの技術をもちえない時代であったにせよ、それなりに美味な酒を造らないことには祭りや諸行事が成立しなかった。とくに、発酵というのは、たぶんに勘まかせ運まかせのところがある。醸造化学がこれほどに発達した現在でもまだ、化学者の方程式よりも杜氏《とうじ》の勘に頼る酒蔵が多いのである。

酒屋を殺すに刃物はいらぬ　柚子《ゆず》の一つもあればよい

という。ユズは、ミカンであってもよいしウメであってもよい。仕込みの樽《たる》の中に異物がちょっとでも混入されたら、とくに酸味の強い異物が混入されたら、その樽は全滅するのである。そして、発酵の度合は、温度や湿度に微妙に左右される。

実際にいまでも、古風な設備を誇る（つまり、近代化していない）酒蔵をのぞいてみると、冷えこみが少しでも強い夜は樽を布団で包《くる》み、暖気が少しでもこもる日は氷を樽の下に置くような、涙ぐましいまでの努力をしている。そこに杜氏の長年つちかってきた勘がはたらくとしても、以後の運は天にまかせるに等しい作業が随所にみられるのである。

酒造りは神秘だ、という表現はありふれているが、そうとしかいいようがないところがある。

その意味では、やきものづくりに似ていなくもない。やきものづくりでは、粘土のよしあしや轆轤《ろくろ》職人の技術ももちろんあるが、多くは窯焚《かまた》き次第で製品の成否がきまるのである。窯焚き作業でちょっとした注意や手だてを怠ったために、一窯が全滅ということも容易にありえる。

やきものも、原料（粘土とか陶石）の鉱物組織が高温の火力があたることによって変化を生じた、化学の所産である。同じ手工芸でも、そこが木工品とか竹細工とかとはちがうところなのだ。

やきものづくりも、神秘な作業、といわれる。窯に詰めたあとは、運を天にまかせるしかない。そこで、神仏を崇めるという行為が自然に発生もしたのであろう。

神秘な作業でないかぎり、ことさら神仏を崇める必然はない。もっとも、やきものづくりについていえば、一方で窯火事をも恐れての「火の神」の信仰であった。しかし、その作業が人間の生活のなかでいかに重要であるか、そして人間の個々の能力を超えていかに複雑であるか。つまり、神秘的であるか。それは、そこに職能神とでもいうべき信仰の象徴をもつかもたないかの大きな決め手になるのではなかろうか。

酒造りの神

酒造りにも、職能神が存在する。もっともよく知られているのが、松尾の神（松尾明神）である。

その本社は、京都の嵐山（西京区）にある。まず、参道の石燈籠《いしどうろう》からして、いかにも酒造りの守護神らしい。神酒徳利《みきどくり》をかたどった石燈籠が並び、奉献者には全国の酒造家の名が連ねられている。また、社殿の回廊には、薦《こも》かぶりの四斗樽がところせましと積みあげられていて、その銘柄を見ると、さながら日本の銘酒総覧の感がする。

祭神は、大山咋命《おおやまくいのみこと》と市杵島比売命《いちきしまひめのみこと》。大山咋命は大国主命《おおくにぬしのみこと》の息子であるが、じつは酒に関係する語録はみあたらない。また、市杵島比売命は、市場の守護神、つまり商売繁盛の神とされているが、これも酒造りとの直接の関係は薄い。もっとも、記紀などに記された神々の神徳と民間における信仰はかならずしも一致しないので、そのことを論じることは、さほど重要ではあるまい。

祭神でなく俗称、この場合は、親しんでいう「松尾サン」が、あるとき酒造家たちの間で尊ばれて職能神に転化、信仰が広まっていったのである。稲荷《いなり》サンや金比羅《こんぴら》サンがよい例で、われわれは、その祭神の正式名と本来の神徳は知らなくても、それが商売の神（稲荷神）、海運の神（金比羅神）であることに慣れ親しんでいるのである。

うしろの山に湧《わ》いた神水を用いたら七日間で良酒が醸造できた、という社伝（松尾神社の口伝）にも、さほどの根拠がない。が、それが尊ばれた時代があった。そのことは、時代をさかのぼればさかのぼるほど、知識より信仰が優先して厳粛な傾向にある。また、そうした根拠が明らかでない信仰が記録されるとき、何らかの意味づけがなされる傾向が生じるのである。

ここに、『壱子相伝　造酒口伝』の写本（天保九＝一八三八年）があるが、その巻頭、「造酒方表五ヶ条之事」の一文がおもしろい。

一、酒屋の亭主、朝夕松尾大明神へ心信之事

一、御酒を備へ、手水《ちょうず》常の如《ごと》く合掌して、かしはで二ツ打て唱る、文ニ曰、千《ち》早振《はやぶる》神も嬉《うれ》しくおもふらん、身もさゝ川の、清き御造《みきつくり》神酒、三べん唱へて、かしはで二ツ打て後、其《その》家の家法にて、種々神仏心信致者也《なり》

現在も、ほとんどの酒造家に松尾明神が祀《まつ》られており、そのかぎりでの信仰は伝えられている。が、さすがに右のような祭文を知る人は少なかろう。というか、それは家伝というもので、その由来もまた明らかではないのだ。

ここでは、そうまでして職能神を必要とした古人の酒造りへのある種の畏怖《いふ》の念を問題としているのである。

備中神楽の松尾の神

伝説の具象化ということでは、備中神楽《びっちゅうかぐら》に登場する松尾の神（松尾明神）がおもしろい。

備中神楽は、岡山県の西部一帯に伝わる民俗芸能で、ふつう氏神や荒神の祭りの宵宮で演じられるものである。大別すると、中世系の五行神楽（五行の教えにしたがって季節や森羅万象の根源を説く問答形式）や託宣《たくせん》神楽（神懸《かみがか》り）と、近世系の神能《しんのう》（国譲りや大蛇《おろち》退治を題材にした出雲系の神話劇）がある。現在は、いずれも玄人《くろうと》の神楽太夫によって演じられるが、中世系の神楽は社家（神主系）神楽が本流であった。

横打ちの太鼓にあわせた玄人芸が演劇性を高めているところに特徴がある。全国にいくつもある神楽のなかでも、もっとも見栄えがするもののひとつ、といえるだろう。

夜を徹して演じられる神楽であるが、ふつう夜が白々と明ける終段で登場するのが松尾明神である。

「素戔鳴命《すさのおのみこと》の大蛇退治」の一幕で、足名椎《あしなづち》、手名椎《てなづち》の老夫婦の娘が次々と大蛇に飲まれる不幸を聞いた素戔鳴命が大蛇退治を決意、大蛇を酔いつぶすための酒造りを松尾明神に依頼するのである。

松尾明神は、茶利（滑稽《こっけい》）役で演じられる。素戔鳴命と奇稲田姫《くしなだひめ》（足名椎、手名椎の末娘）との厳粛な契りの舞と、素戔鳴命の荘厳な剣舞のあいだで、観客の緊張と眠気をとくべく、おどけた動作と軽妙なおしゃべりで会場をわかすのである。

「さって、このところに舞いいだすそれがしは、出雲国は楯縫《たてぬい》の郡《こおり》、小《こ》阪井《さかい》村の岩屋に鎮座まします者。木の芽、木の実を採り集め、三万年かかり夜もろくろく寝ずに昼寝して苦学研究したかいあって酒造り製造株式会社を興し、いまは日本全国、世界は各国、新聞はもちろんラジオ・テレビでも紹介され、かねがね皆様ご承知のニックネームが松尾明神にて候《そうろう》。

図1-4　備中神楽の松尾明神

さって、このところにおきまして素戔嗚の御命《おんみこと》のご命令により毒酒八〇〇〇石をば製造いたし、そのうえ暇があるなれば、ご当地の氏子皆々様に御《み》祭《まつ》り用として特価酒をも十分に造り、漏れなく無料配給、一・八リットルずつ差し上げますというたなら、向こうの方のおじさんがほんのり口を開けて喜こんだあ」

と、たとえば、そんな口上を述べる。

そのあとは、太鼓叩《たた》きの太夫《たゆう》を相手に、漫談調のおしゃべりを重ね、あるいは、おもしろおかしく替歌をうたう。

最後に、手伝い人を呼びだし松尾明神が杜氏役となり、酒造りの模技を行なう。

〽天《あめ》の岩戸の扉を開き　仮面《めん》を　アーヨーイトヨイト
冠《かむ》りて神遊《つ》び　ハーアレワイナンコト
中見て底搗け　やれこりゃさあのどっこいどっこい
〽搗けどはたけど　この米おえぬ　アーヨイトヨイト
お倉の底積みが　ハーアレワイナンソコ
中見て底搗け　やれこりゃさあのどっこいどっこい

これは、米搗き唄であり、何番かが続く。それが、その大筋において、いわゆる備中杜氏といわれる職人たちのあいだに伝わる酒蔵唄《さかぐらうた》に類似するのである。

そして、米研ぎの唄、麹《こうじ》の練りあわせや桝《ます》とりの数え唄なども、かつての酒蔵唄に準じて伝えられているのである。もっとも、最近では酒造界で右のような酒蔵唄を知る人が少なくなっている。備中神楽のような芸能のなかに部分的に、しかも変則的に伝えられているとは、歴史の皮肉というしかない。

こうして松尾信仰は、酒造りにちなんで全国的に広がっているのである。

木花咲耶比売命と三輪の神

なお、京都の松尾大社の東方に、梅宮《うめみや》神社がある。

その主祭神は、大山祇命《おおやまづみのみこと》と木花咲耶比売命《このはなさくやひめのみこと》である（他に二柱の祭神がある）。別称を大山祇命は酒解《さかとき》の神、木花咲耶比売命は酒解子の神。神話の世界では、木花咲耶比売命は、大山祇命の娘となっている。そして、天孫瓊瓊杵命《ににぎのみこと》に嫁ぎ、一夜で懐妊して彦火火出見命《ひこほほでみのみこと》を出産する。そのとき、父大山祇命が祝いの酒を醸《かも》した――と、こちらは比較的由緒が明るい。

また、『日本書紀』では、木花咲耶比売命自らが狭名田《さなだ》の稲（米）を用いて天《あめ》の甜酒《たむざけ》を醸した、と記されている。いずれにしても、松尾の神よりは由緒が正統な酒神のように思えるが、なぜか民間の信仰ではさほどの広がりをもたなかった。そのあたりが、前述もしたようにかならずしも名（いわれ）と実（利益）が一致しない民間信仰のおもしろいところである。

酒にまつわる神として、もうひとつ忘れることができないのが、奈良にある大神《おおみわ》神社（三輪神社）の神である。

『和名抄』（一〇世紀）から『倭訓栞』（一八世紀）あたりまでの古文献に、「古語で神酒のことをミワといった」というほぼ共通した内容の記述がある。

神酒をよむ事、日本紀、万葉集に見えたり、私記に神酒、和語云、美和《みわ》といへり、三輪の神は酒神なること、古き書に其《そ》の証多し。　（『倭訓栞』）

もっとも、一方で『土佐国風土記』あたりには、「神酒をミワというのは、土佐の三輪川の水を用いて醸したから」というお国自慢的な記事もある。が、もとより伝説とはそういうもので、信憑《しんぴょう》性を問うことにさほどの意味はない。しかし、上代から三輪の神が酒神として信仰されてきたことは事実である。

この御酒《みき》は　わが御酒ならず　大和《やまと》なす　大物主《おおものぬし》の醸《かみ》し神酒《みき》　いくひさ〳〵

これは、崇神《すじん》天皇の時代（第一〇代、伊勢神宮の創始に関係したとされる天皇期）に三輪神社の酒掌《さかひと》に任じられた活日《いくひ》が、天皇に酒を献じたときにうたった歌である。

大神神社の主祭神は、大物主命《おおものぬしのみこと》である。別名、大国主命。出雲神話のなかでは、国造《くにつくりの》神《かみ》として数えられているが、一般には福の神として、とくに農業の守護神として信仰を集めているのは周知のとおりである。もちろん、稲作、酒造りに関与しても不思議ではない、ということになる。

しかし、もっと注目すべきは、大神神社の摂社に祀られている活日神社である。俗称が一夜《ひとよ》酒《ざけ》神社。これは、酒掌活日を神格化したもので、右の歌にうたわれた宮中への献上酒を一夜で醸したという故事を伝えている。むしろ、はじめはその方が酒造りの守護神として信仰を集めたのではないか、と思える。

さらに、大物主命とともに大神神社に祀られている少彦名《すくなひこな》の神にも注目しなくてはならない。

少彦名の神は、一般には薬祖神として信仰を集めている。たとえば、薬問屋の街として全国にその名をはせている大阪の道修町《どしょうまち》(中央区)の宮は、その名も少彦名神社である。たとえば、神功《じんぐう》皇后の歌に、「この御酒は　わが御酒ならず　久志の神　常世《とこよ》にいます　石立す　少御《すくなみ》の神《かみ》の醸し神酒」というのがある、と伝わる(『志都乃石室』)。

となると、先の活日の歌は、神功皇后の歌をただなぞっただけ、ということもできる。もともと、酒造りは、少彦名の神の所轄ではなかったのか。

しかし、ここでは、その詮索《せんさく》が主眼ではないので、そうしたいくつかの要素が複合して、大神神社そのものが酒神として崇められるようになった、としておきたい。

大神神社に参拝された方はおわかりだろうが、そこには本殿はなく、拝殿から三輪山を正面に望んで拝む、ということになる。つまり、御神体が三輪山なのである。

そして、三輪山は、杉の美林で覆われている。そこで、杉そのものが、三輪の神木となった。といえば、各地の酒造家の軒下に杉の葉を球状に束ねたものが吊りさげられていることの意味に、推理を及ぼさなくてはならない。

それを、酒林《さかばやし》という。酒屋の看板となって久しい。それについては、諸説があるが、類別してみると二説になる。

そのひとつは、三輪山の杉にちなんだ、という説。もうひとつは、杉葉の何らかの防腐作用を期待して用いた、という説である。前者が精神性を、後者が科学性を重視した説ともいえようが、杉葉の防腐作用にしても実用例は少なく、したがって科学的な根拠が弱い。強いていうならば、防臭作用なら期待できよう。かつて、便所に杉葉を飾ったり敷いたりしていた事例が示すとおりである。

そこで、いずれにしても信仰がらみ、とみるのが妥当であろう。

そして、そこまでしなければならなかった酒造り、酒の保存のむつかしさを重ねて認識しなくてはならないのである。

とくに、日本列島の夏場の気候は、酒の醸造や保存にはまったく不適であった。熱帯性のモンスーン気候が海上を北上するからで、同緯度圏内では類例をみない、高温多湿の異常気候である。そして、その前後の季節も雨が多く湿気が強い。ゆえに、寒造りにたよらざるをえないところがあるのだが、そこでより精微な醸造技術を発達させることになった。そのことについては後章でふれることにするが、時季をかぎっての酒造りであるからこそ人々の酒への思いいれのようなものが強まったのではあるまいか。

二　神と酒と人——酒宴と酒肴の構図

浴衣がけカラオケ大会の不思議

定着している宴会の風習

たとえば、温泉宿で、浴衣《ゆかた》がけであぐらをかいて膳《ぜん》に向かう。いま、われわれは、それをごくあたりまえに行なっている。もっとも、最近の若者は、そうした宴会になじまない傾向にある、という。しかし、やがて職場や地域の旅行などでつきあわざるをえなくなり、回を重ねるにつれ、抵抗感を失ってゆくことは想像にかたくない。それほどに宴会の習慣は、われわれ日本人の生活のなかに根強く定着している。

それは、かつてはハレ（非日常）の祝宴であった。もちろん、現在でもそうなのであるが、職場での小宴会や団体旅行での宴会までを加えると、もはやそれは、ハレの祝宴といえないほどに日常化してしまっている。

そして、われわれは、宴会の意味をあらためて考えることもなく、むろん不思議さを感じることもなくなっている。あたりまえすぎて、そこに参席することにさほどの感激を覚えることもない。

しかし、そこに外国人が加わるとすれば、彼らはどれほど強烈な印象を抱くことだろうか。彼らがどうみるか——宴会に慣れて感受性が薄らいでいる私などは、そのことに興味がある。そして、それがきっかけで、日本人における宴会とは何か、をあらためて考えざるをえなくなる。

昨年(平成元年)の初夏のころである。

私は、アメリカから来た友人のF・エリックさんを同行して山梨県の上野原町(現上野原市)に行った。エリックさんは、女性ノンフィクション・ライターで、最近では『Mountain Hart』という第二次大戦下の在米日本人とその捕虜収容所の状態を描いた名著がある。その収容所には神主や僧侶《そうりょ》の経験者がおらず、修験《しゆげん》(山伏)を祭主として諸行事を行なったことから、エリックさんの関心が日本の山岳信仰へ向かったのである。

後編を執筆するにあたって日本を再訪したそのとき、私が何か所かのフィールド(調査地)を紹介することになった。しかし、上野原は、直接には山岳信仰と関係がない。そこ(上野原市西原《さいばら》)は、東京に至近のところでありながら深山に囲まれた里で、雑穀や山菜を中心とした食生活、あるいは山神や道祖神などへの民間信仰をよく伝えているところであった。私のはじめてのフィールドワーク(臨地調査)の地でもある。

そこでオヒマチの講が開かれる、という知らせがあったので、エリックさんを誘って行ったのである。

上野原町の「オヒマチ」

オヒマチというのは、特定の日にむら内の同信者（講員）が集まって夜籠《よごも》りをすることである。日待ちと記すとわかりやすいが、原始の太陽崇拝にさかのぼって相通じる行事とする説が強い。とくに、新月の夜にそれを設定するのは、日没後の太陽が闇夜を経ても再生するよう眠らずに祈念する意があり、日の出を拝《おろ》がむことで行事が完了する。ただ、現在は、ほとんど形骸《けいがい》化している、といってもよい。

その日は、しばらくとだえていたオヒマチが久しぶりに再開されるというので、参加者が多かった。宿の家の座敷二間《ま》（八畳二間）をぶちぬいた会場に三二人、それに私たち二人で計三四人。中高齢層が多く、とくに婦人が大半を占めていた。

会場には、「南無《なむ》八幡権現大菩薩《はちまんごんげんだいぼさつ》」と墨で黒々と書かれた大幟《おおのぼり》が、横向きに張りめぐらされている。上座に床几《しょうぎ》が一脚、その上に線香とローソクが立てられている。それに、一升瓶（酒）が一本。まさに、神仏が混淆《こんこう》の世界である。

はじめは、電灯がすべて消され、ローソクの灯《あか》りだけ。そこで、一同が般若心経《はんにゃしんぎょう》を唱える。約一〇分、儀式らしいことは、それだけである。

電気を灯《とも》したところで、講の代表者（宿の主人）が上座に立ち、本日はごくろうさまでした、と簡単な挨拶《あいさつ》をする。そして、御神酒《おみき》で乾杯しますからご用意を、と言葉を続ける。

宿の主婦が床几から一升瓶を下げて、上座から順に注《つ》いでゆく。

会席は、折りたたみ式の長机がコの字型に組まれていて、それぞれの席の前には春慶塗りの平膳《ひらぜん》の上に料理が並べられている。料理は、マグロとイカの刺身・サケの塩焼き・タコとネギのぬたあえ・ポテトサラダ、それに豆腐の味噌汁《みそしる》である。

神酒は、古びた磁器の小ぶりな湯呑茶碗に注がれる。もうひとつ、ビール用のガラスコップもあるが、それはまだ使わない。

乾杯のあと、一〇分と間をおかず、上座の床几が片隅に移動され、カラオケの装置がすえられた。その手際のよいこと、相当に手慣れたものがある。

あとは、カラオケ大会となる。おばさん、というよりもおばあさんといった方が適当な婦人たちが、マイクを片手に演歌をうたう。ほとんどの人が、まわってきたマイクを拒否しない。なかには、それにあわせて踊る人もある。

いまや、カラオケは、都市の盛り場だけでなく、むらの会席にまで普及をみているのだ。いや、むらにおいてこそカラオケパーティーが盛況の途にある、といってもよい。

それにしても、日本人は、どこにそれほどまでの、カラオケ好きのエネルギーの源流があるのだろうか。

さすがに、エリックさんは、目を白黒させて怪訝《けげん》そうである。

「この行事は、信仰行事のはずですね。山岳信仰とはちがうけど、神仏混淆の伝統的な行事でしょう。そうですね。

それが、神事は、たった一五分。あとは飲食とおしゃべりと歌。どうなっているんでしょうか。私のイメージでは、日本人は、もっと内気で厳粛なはずでした。アメリカ人は、一般的に陽気です。新大陸に移住してきた多民族社会だから、儀式とか作法とかあまり厳しくいいません。それでも、教会の行事のときは、それなりに厳粛だし、そこで歌うのは讃美歌にかぎられています。それから、会場を移してバザーやパーティーをするのがふつうです。

神事と宴会が一緒くた、不思議でなりません」

たしかに、そうであろう。私とて、半ばあきれ顔でそのなりゆきを見ていたのである。この種の宴会の不可思議なしくみについては、エリックさんだけにかぎらず、これまでも数多くの外国人が指摘してきたことである。来日して日本式のもてなしを受けたときの最大のカルチャーショックである、といっても過言ではあるまい。

オランダ人の見た「宴会」

たとえば、文政三（一八二〇）年から文政一二年まで長崎出島のオランダ商館に勤務していたファン・オーフルメール・フィッセルは、『日本風俗備考』のなかで、献立まで具体的に示して次のようにいう。

　日本人はその生活様式、その必需品において贅沢《ぜいたく》でなく、いかにも中庸を得ている。またその住居の中の各部屋内の家具の設備も、いかにも質素なものであると言われるかも知れないが、それとは反対に、日本人の宴会は少しも費用を惜しまぬ、きわめて豪華なものであるのが常である。（中略）
　日本人が持つ一種のワインすなわち酒が出る時には、いろいろな種類の酒の肴《さかな》が前に並べられるが、それぞれ非常に清潔に小皿に盛り、またはよく手の平にのせて供される。（中略）宴会の初めのうちは、万事きわめて厳かに進行する。客の各人に対して膳が整ったとき、主人役は、友人たちにその「お膳」、すなわち「椀《わん》」を開くように求める。人々は一斉にお辞儀をした後で、各自の「汁」を音を立てて飲み、二本の木の箸《はし》で料理を食べ始めるが、料理はすべてナイフを利用する必要がないように調理されて供される。そのあい間あい間に、主人役はすべての友人の間を回り歩いて、一人一人と一杯の猪口《ちょこ》の酒を飲み合うことが義務となっており、そうすることによって、人々はお互いに一層打ち解け合う。そしてやがて客人たちも音楽と歌ですっかり陽気にされてしまうのである。

もちろん、それには相応の理由がある。そこには、日本人が共有の「クセ」というものが作用しているはずで、それは、とりもなおさず日本の民俗文化ということになるだろう。神人が共食。それは、時代を経て多少はかたちをかえながらも、けっして形骸化しないで生き続けることになる。

右のような酒席の風景は、現代の私たちの周辺にもみられるだろう。「まあ、一献。これは御神酒ですから」というような会話がかわされ、盃の応酬がはじまる。「さあ、あとは無礼講で」と飲めや歌えや。神人共食から人々乱痴気へ。ハレの酒席文化の不断の連続というしかあるまい。

直会と饗宴が連なることでの混乱

宴会の二重構造

現在、われわれが一般的になじんでいる宴会は、本義からすると二重の構造をもっている。

そのひとつは、直会《なおらい》の儀である。つまり、礼講である。

そして、もうひとつは、饗宴《きょうえん》である。つまり、無礼講である。

現在では、無礼講という言葉だけを一般に伝えているが、礼講があっての無礼講。無礼講が単独で催されることは、本来はありえないのである。

そして、本来、それは別々に行なわれていたはずである。もちろん、連続性はあるが、たとえば席をかえて行なわれていた場合が多い。当然、そこでの飲食の意義もちがっていた。

それが、同じ席で次第の区分を明確にせず連続するかたちで行なわれるようになったところで、意義の解釈に混乱を生じることになったのだ。今日的な風景でいうと、年齢とか職位にしたがって整然と着座した宴会の前段部分と、互いに盃をくみかわしたのちドンチャン騒ぎとなる後段部分とは、区別して考えなくてはならないのである。

それを厳然と区別している伝統的な行事も、探せばまだ方々に残存している。

たとえば、前章で紹介した福島県田島町（現南会津町）の田出宇賀《たでうが》神社の祇園《ぎおん》祭りである。

祇園祭りの本祭りは、七月一八―二〇日に行なわれるものであるが、そこに至るまでのいくつかの行事があることはすでに紹介したとおりである。そのひとつに、七月一〇日前後に仕込む神酒《みき》造り神事があった。

その最初の行事は、正月一五日の御党屋《おとうや》千度《せんど》である。これは、その年の祇園祭りの諸務がつつがなく果たせるよう当番党屋組の戸主たちが、紋付羽織、股引《ももひき》、白足袋、草鞋《わらじ》姿で神社に参拝する行事である。そのとき、神酒（清酒）と重箱に詰めた料理（煮〆《にしめ》・田造り・数の子など）を党屋本陣から持参、これが神饌《しんせん》になり、そののち直会食となる。

社頭で祭典のあと、社務所で直会。

小謡《こうたい》の『高砂《たかさご》』が奏されたところで、参列者の全員の盃に酒が満たされる。それを、チョウヅケという。これは、すぐには飲まない。次に、大盃が上座（宮司）から順にまわされる。これを、それぞれに三口でいただく。

最後に上座に大盃がかえったところで、ふたたび神酒が満たされ、それを宮司が捧げもって退席。それで直会が終了する。

大盃を飲み干すたびに小謡や囃子《はやし》が入るが、以上の祝宴は、あくまでも儀式として整然と行なわれるものである。もちろん、その間は正座である。最上座の宮司が退席、それが直会の終了を表すのも作法にのっとってのことである。

そのあと、参列者は、党屋本陣からの迎え（組内の若者）を受けて党屋本陣に帰り、そこで本格的な祝宴が催される。これも日待《ひま》ちの直会とはいうが、組内の婦人たちも接待にでての一般的な饗宴となる。つまり、無礼講と相なるのだ。

図2-1　祝言の酒
仲人が見届けの盃（酒）を柄銚子から受け、三口で飲み干す。女性の場合は両手で受ける
（『絵本十寸鏡』国立国会図書館）

これも前出の岡山県美星町《びせいちょう》（現井原市）の宇佐八幡神社の例祭の場合には、幣殿《へいでん》に当番（頭屋《とうや》）、氏子総代、婦人総代らが参列して祭典を行なったあと、その場で直会がある。献饌した神飯と神酒をおろし、それを宮司以下の参列者がひと口ずつ（飯）、一杯ずつ（酒）授かるのである。

これをチョーハイ（頂盃）といい、祭典の式次第のなかに（最後に）くりこまれている。もちろん、その間、私語は一切つつしまなければならない。

次に神輿《みこし》渡御《とぎょ》や湯立《ゆだて》神事があり、それらがすべて終了したのち、祭典の参列者が社務所に席を移し、宮座《みやざ》がはじまる。宮座というのは、とくに西日本の村落における席次を定めた古い祭礼組織であるので、それを直会とみることもできよう。しかし、この場合は、饗宴というのがふさわしい。当番組が用意した料理（かつては煮〆・味噌汁など、現在は仕出しのパック）と酒がふるまわれるのである。宮司や氏子総代の挨拶はあるが、あとは歓談しながらの祝宴となる。酒をつぎかわし、酒好きの人は痛飲もする。さらに、当番組の人たちは、そこまでは賄方《まかないがた》にまわっているのだから、宮座がお開きになってからあらためて打ちあげの饗宴となる。ここでは、酩酊も許されるはずである。

そのように祭典の終段での直会、のちに社務所や頭屋宅で饗宴という形式は、ひとり備中の村落にかぎらず西日本各地の祭礼にまだなお広く共通することでもある。

本来別な直会と饗宴

もうこれ以上事例をあげるまでもなく、直会（礼講）と饗宴（無礼講）とは、本来は別な次元で行なわれるものであった。

当然、そこでは酒の飲み方にもちがいがあった。直会では席次や作法の制約があり、饗宴ではそれほどの制約がない。粛々と飲む酒と賑々《にぎにぎ》しく飲む酒のちがいである。何よりも、直会の酒は冷《ひや》であり（献饌をおろしたもの）、饗宴の酒は冷である場合もあるが、燗《かん》をして量を飲むことが一般的である。

今日的な表現をすると、直会と饗宴には一次会と二次会ほどの隔たりがあるのだ。現在の宴会習俗のあいだにも旧慣との連続性がないわけでもない。

とくに、正統な宴席での日本料理にも、よくみれば一連の配膳《はいぜん》でありながら、直会系と饗宴系とに前後分かれているはずである。そこでは、当然のことながら、盃の運び方、箸のつけ方に一定の作法があった。

とはいっても、京料理と江戸前では献立の呼称や順序にちがいがあるし、同じ京料理でも店や板前によって細部がちがってくる。とくに、最近は、それぞれに特色をだそうとするせいか、全体的に変則、混乱の傾向にある。ここでは、京都の老舗《しにせ》「俵屋」（料理旅館）の冬のある日の献立例をみてみよう。

向付《むこうづ》け　甘鯛《あまだい》細造り
飯　一文字（一口飯）
汁　蓬麩《よもぎふ》、土筆《つくし》の白味噌仕立て
椀盛《わんもり》　伊勢海老《いせえび》葛《くず》打ち・鶯菜《うぐいすな》・椎茸

焼肴《やきざかな》　真魚鰹《まながつお》味噌漬け
炊合せ　海老芋・菊菜・大徳寺麩《だいとくじふ》
八寸《はっすん》　鶉《うずら》山椒《さんしょう》焼き・萵苣《ちしゃ》軸《じく》西京漬け
箸洗い　芽甘草《めかんぞう》・ちぎり梅
酒盗《しゅとう》　このわた

まず、はじめに前菜として向付けがだされる。それに盃と酒が添えられる。このときの酒を、俗におしめりという。とくに注文をつけないかぎりは、冷たい酒がでてくる。カミに供えたとしていただくおしめりは、つまりはおかげであり、冷たい酒なのである。酒宴にはまだ早い。つまり、この酒肴を直会系、と位置づけることができる。

なお、茶懐石の形式をとれば、ここで向付けと少量の飯、あるいはすしが酒とともに平膳でだされるのが一般的である。ここでも、一口飯の形式をふんでいる。

次に汁。京都であるから白味噌仕立てであるが、一般的には吸いものである。それを口すすぎという。つまり、酒も肴も冷たいものであるから、そこで口をすすいで温《あつ》ものにならす切りかえの意が強い。いわゆる、飯にあわせてのおかずの汁とは異なる。

やがて、椀盛や焼肴、炊合せがでてくると、酒も燗にかえるのがよいのである。そこに芸妓《げいぎ》を呼んだ場合、格式を重んじる席では、歌舞音曲がはいるのはここからである。つまり、饗宴となるのだ。

なお、格式ばった宴席では、その後段に八寸、箸洗い、酒止肴がでる場合もある。これは、店の主人なり料理人が客のご機嫌うかがいにでてくるときの酒肴の意がある。饗宴がそろそろ仕舞いである、と知らせる役割もある。

そして、最後に、飯と汁と漬けものがでる。あるいは、菓子や果物がでる場合もある。

このように、しかるべき会席では、もてなす側にもてなされる側にもしかるべき作法というものがあるのである。

とくに、最近の祝宴は、馳走《ちそう》の品数が多く華美にはしる傾向にある。献立を紹介するまでもなく、食べきれないほどの料理にとまどわれる方も多いだろう。しかし、そこにも、箸をつける順序があり、ある種の合理性があるはずなのである。

食事作法の必然

宴席の馳走は多い。多すぎる、といってもよい。しかし、いくらそれが酒宴だからといっても、会席料理がすべて肴ではないのである。

もとより、だされたものすべてに箸をつけるのでない。ある順番にしたがって食べ、残ったものを家に持ち帰るのが作法なのである。だいいち、鯛や車海老《くるまえび》の浜焼き（姿焼き）や、最近よくみかけるようになった鶏の手羽焼などは、その場で食べるのには不恰好《ぶかっこう》である。これは、膳飾りというべき料理で、折詰めにして持ち帰って、あらためて火を加えてからむいて食べるべきであろう。また、すし(巻きずしや姿ずしの類)もご飯が別にでるのだから箸をつけなくてもよいはずだ。

もちろん、こうした作法は、それなりの必然があって生じたものである。

祭りや仏事、諸行事における宴席を考えた場合、そこには、一家を代表するかたちでほとんどの場合は家長が出席する。あるいは、地域社会や職場を代表して誰かが出席する。そして、そこでふるまわれた馳走の一部を、家族など非出席者のために持ち帰ることが習慣づいているのである。

正式な直会にかぎったことでなく、そもそも祝宴における馳走は、もとをただせば神仏とともに祝って食するという意味あいをもってふるまわれたもの、とすることができる。神人の共食を原型とするのだ。そうすることで、神仏の福徳を分かちあうことに意味があった。だから、たとえば、家長ひとりで食べてしまったのでは、他の家族へのおかげがないことになる。そこで、その一部を家族に持ち帰るという習慣が生まれた、とすることができるのである。

余談になるが、最近の宴会は、ずいぶんと荒れた風景を呈する例がままある。作法をわきまえず手あたりしだいに箸をつけて食べ荒したせいであるし、持ち帰りの習慣が薄らいだせいである。宴席文化の冒瀆《ぼうとく》とまではいわないが、あまりにも見苦しい。日本料理は、神人共食のその意のほかにも、長時間そこに据えおくがために配膳の演出や箸づけの作法があったのだ。漆器椀の内側が鮮やかな朱に塗られているのも、磁器皿に手のこんだ染付けや色絵が施されているのも、食べ荒した印象を与えないための、食後の鑑賞に耐える配慮というべきであろう。これは、やはり語り伝えるべき作法というものである。もてなす側ももてなされる側も、そろそろ一考を要するときではなかろうか。

神さま仏さまご先祖さまと宴会の席次

共存する神と仏

われわれ日本人における宴会では、年齢や職位にしたがって席次がきまる例が多い。現在は役所や会社、工場に勤める人が多いので、職位順に着座することが多いだろうが、もとは、年齢の多少が優先された。長老が上座に、若年者が下座に着く。

それを、宮座形式、あるいは直会《なおらい》形式の伝統、とこれまで位置づけてきた。祭りの後段の直会は、神々と人びとが共食する宴《うたげ》である。神仏に供えた食べものを、祭りの主宰者や参加者が相嘗《あいな》めることである。

ではなぜ、それがそれほどに必要なのだろうか。

神人共食については、その歴史的な構図にあらためて注目しなくてはならない。そこでの「神」は、カミと記すべきで、神道の諸神だけでなく、そこに縁《ゆかり》の深い諸仏・諸霊をすべて含んだ存在である。まず、日本人における宗教的な観念の特異性を問わなくてはならないのである。

日本に興味をもっている、あるいは日本文化に相当詳しい外国人は、みな一様に、「なぜ、日本人は神と仏をともに祀《まつ》るのか」と尋ねる。彼らはそのことをたいへん不思議がり、同時に興味を抱く。あらためて考えてみると、われわれは、たしかに崇拝の対象として神仏を同列で共存させている。それをとくべつ、不思議とも思っていない。

たとえば初詣《はつもうで》。日本人のあいだでは、氏神の社《やしろ》に参り、檀那寺《だんなでら》にも参るということが、何の疑問もなくごく自然に行なわれている。それだけではない。親族の病気平癒、受験合格、良縁成就の祈願などのため、折にふれ、神社といわず寺院といわず詣でているのである。さらに顕著な例は、家のなかの、それも同じ部屋に、神棚と仏壇が隣接するかたちで備えられていることであろう。

神道と仏教を別な宗教と考えると（もちろん、一般的には別々の宗教とされることが多い）、これはまことに不可思議な現象といわざるをえない。事実、世界をみわたしても、異宗教、異宗派を同じ家に共存させている例は、きわめて稀《まれ》なのである。

なぜ、日本では神道と仏教の共存が可能になったのか――。

神道と仏教

神道は、日本人のもっとも古い信仰体系を吸収するかたちで成っており、その中心思想は、ひとつには自然崇拝にある。すなわち、地上の森羅万象は、神々の意志にもとづいて、神々によって産み成され、神々の司るところである、という考え方である。そして、その神々とは、その土地土地の氏神（開祖神＝血縁・地縁神の象徴）や産土神《うぶすながみ》（開墾神＝地神の象徴）をはじめ、山の神・海の神・木の神・草の神・野の神・火の神・水の神など、「天地諸神、八百万《やおよろず》の神々」である。

もちろん、その神々への民衆の信仰の深浅は、ところにより時代によりさまざまである。しかし、各時代、各地方にほぼ共通してみられるのは、氏神への信仰、すなわち土地を開いた一族郎党の祖霊への信仰の深さである。皇大神宮《こうたいじんぐう》（伊勢神宮）への信仰が集まったのも、かつての天皇制のもとで皇大神宮を日本人の総氏神として祀ったからにほかならない。神道の根底には、自然崇拝とともに祖霊を崇める思想が強く流れているのである。

一方、仏教は、あらためていうまでもなく、古代から中世にかけて大陸から伝来したものである。そして、奈良時代には、国家の保護のもとに南都六宗（三論・成実《じょうじつ》・法相《ほっそう》・倶《く》舎《しゃ》・華厳《けごん》・律の六宗で、いずれも学問的色彩が濃い）が急速な発展をとげた。また、平安時代になると、最澄と空海がそれぞれに天台宗と真言宗を唱え、信仰の対象としての仏教を強く打ちだしたものの、現世における修行が来世への成仏往生につながるという思想のもとに加持祈禱《かじきとう》を偏重するきらいが強かった。そして、その布教は、あくまでも上流階級にかぎられ、庶民のあいだにまでは浸透していなかった。

仏教が真に民衆のなかに根ざすのは、鎌倉時代のことである。すでに、平安時代の末ごろから、末法思想と社会不安が結びついて浄土信仰が急速な広まりをみせていた。鎌倉時代になると、そこから次々と現世利益を説く新派仏教（当時の新興仏教という意）が形成されていった。法然《ほうねん》による浄土宗、親鸞《しんらん》の浄土真宗、一遍の時宗などである。

その信仰の形態は、いずれも、まず祖師（宗祖・派祖）を崇めるものであった（それによって宗派を明らかにした）。そして、祖師に対する信仰は、一般におよんでは家父長を尊ぶ家族制度を強化することになった。それを民衆が支持するようになったところで、祖霊を対象とした仏教祭祀がさかんになったのである。

もちろん、それ以前に、死霊《しりよう》が特別の力をもっており、生者に影響を与えるとする畏怖《いふ》観念が潜在していたことも事実ではあろう。ただ、その死霊が再生して現世と交流する、とする思想は古代においてはかぎられてくる。それが、仏教の供養思想をもって回施（鎮魂）することで可能になった。先祖代々の霊が明確に意識されることになったのだ。逆ないい方をすれば、仏教が日本社会に浸透したのは、土着の信仰形態（この場合は、祖霊を尊ぶかたち）と習合したからにほかならない。

そして、そこではじめて神仏の習合もはじまる。もちろん、そこには政治的な操作も関与してくるが、両者の思想の根底に共通の機軸（祖霊崇拝）をみいだした、とするのが妥当であろう。そこにおいてはじめて、日本人全般が、神道と仏教を共存させるかたちで信仰することになったのである。

ところが、明治元（一八六八）年、明治政府は、王政復古の理念にもとづいて神仏分離令を発令、神道を政教の基調とする方針を打ちだした。そのため全国的に廃仏棄釈の嵐が吹きすさび、神道の国教化がすすめられた。そして、以後は神道がハレの行事により多く関与し、仏教がケガレの行事により多く関与するかたちで、宗教としては別々なものとして歩むことになった。さらに、戦後の憲法のもとでは、神道・仏教だけでなく他の宗教も含めて信仰は個人の自由であり、旧慣にとらわれる必然はないとされていることは、周知のとおりである。

しかし、日本人の精神の根底には、いまもなお神仏と祖霊が渾然《こんぜん》と一体化してあるように思われる。「神さま仏さま」、そして「ご先祖さま」が無意識のうちにも何らかのかたちで生活のなかに投影されている、といっても過言ではあるまい。

神さま仏さま、そしてご先祖さま――その三位《さんみ》一体の観念こそがわれわれ日本人の宗教観というべきであろう。それをもって他民族に理解を求めようとすれば、「日本教」としかいいようがないのである。

日本人の祖霊崇拝

そのことは、日本人よりも外国人の日本文化研究者の方が、より的確にとらえがちなことでもある。たとえば、ベルギー生まれで東京大学で宗教社会学を修めたオームス・ヘルマン氏（現・カリフォルニア大学ロサンゼルス校教授）は、著書『祖先崇拝のシンボリズム』で、以下のように明解に分析している。

「御先祖さま」を大切にすること、先祖を「カミ」と「ホトケ」と呼ぶほどに大切にすることは日本の文化・歴史を古代から今日まで貫通している特徴である。日本というものが存在してきたかぎり、何らかの形で日本人は祖先を祭ってきたと言っても過言ではないだろう。（中略）

周知のように、祖先崇拝と仏教とは終始緊密な関係にあった。表面的には、祖先崇拝は仏教によって全く独占されてしまったようにも見える。しかし仏教と関係の薄い民間信仰にも祖先崇拝に関わる習慣が存在している。恐山《おそれざん》その他で行なわれる口寄せがその一例である。また民間信仰と神道の深い結び付きを考えれば、ご先祖さまを祭ることはおそらく神道とも無関係ではないであろう。祖先崇拝は、特定の「宗教」を越えたものとして普遍的に存在していた。事実、日本のあらゆる宗教は、――仏教、神道、民間信仰はもちろん、キリスト教及び儒教までもが、皆祖先崇拝をともかくも考慮に入れ――それに対する自分の立場を決めなければならなかったのである。

祖霊崇拝が古来われわれのほとんど絶対的な宗教的な思想であったとすれば、近世においてキリスト教弾圧という騒動を生んでいることにも意味がある。すなわち、日本人は、祖霊崇拝を許容する信仰や宗教については友好的であり、そうでないものについては排他的なのである。近・現代の外来、あるいは新興宗教の普及についても同じことがいえよう。

そうした精神土壌は、日本にかぎったことではないが、世界のなかではかなり限定される。仏教系、あるいは儒教系の思想をもつ中国人と韓国人、さらに、東南アジアの一部。それは、大ざっぱにいえば、稲作農耕の定住生活を基盤とした地域に共通する。そこでは、水田にほぼ恒久的な使用価値があることから親子間の相続権が確立している。そこに、家代々の系譜感覚も発達するのである。

また、イネの播種《はしゅ》から収穫の推移に、人間の誕生から死去の一生を投影して、その種の再生観が強まることにもなるのである。

盆と正月にみる祖霊信仰

とくに、日本において祖霊信仰は、まことに根強いものがある。時折に、先祖霊と現世人との折々の交流を大事にする。それがもっとも象徴的に表れているのは、盆であり正月であろう。

ちなみに、祖霊という場合、通常、没後日が浅く個人としての供養を受けている死霊はこのなかに含まない。もとより、死霊は、個人の遺徳とはほとんど無関係に、ある意味ですべて平等に崇拝されるものである。子孫は、死後七日ごと（ふつう四九日まで）の中陰法要、百か日忌、一周忌、三回忌と、たびたび法要を重ねてゆく。そして、一般的には三三年忌、ところによっては四九年忌、五〇年忌で弔いあげとなる。そこで、その死霊は個性を失い、祖霊となるのである。つまり、日本の場合、そこにおいて死霊は神になったり仏になったりする。

そのような祖霊は、いつも天上界にあって子孫の暮らしぶりを見守っているとされる。そして、盂蘭盆《うらぼん》や正月に代表されるように、祭りや仏事のたびに村里に下り、家を訪れてもてなしを受けるとされる。そこで祖霊と子孫が交流する。神仏と人びととが交流する。端的にいえば、それが祭りや仏事の原型である、とするのがよかろう。

そして、その場合、そこでは、霊界と俗界をつなぐ存在として長老が敬われることにもなる。たとえば、盆行事では、祖霊を迎え祀るだけではなく、生見玉《いきみたま》（生御魂）といって生きている老人をねんごろにもてなす習俗が、もとはかなり広範にわたってみられた。

もっとも一般的なのは、盆中に魚を捕って家内の長老に供し、自分たちも共食するという習慣である。中国地方や四国地方で、近年まで盆の前にむらごとに池ざらえをしていたのも、水田用水を落としおえた祝いの意もあったが、生見玉への魚捕りの名残りと解釈できる。あるいは、関東の農村部では、他家に嫁いだ娘が米や小麦粉を持ち帰り、それを用いて盆の膳《ぜん》を整え両親に食べてもらうという習慣もあった。一般に、盆の供物《くもつ》にうどんやそうめんのような麺類《めんるい》が好んで用いられてきたのも、祖霊への供物というよりも、むしろ夏場で食が細った老人を慰労するため、とするのが妥当ではなかろうか。

そうしてみると、盆に際しての帰省の習俗も、そもそもは生見玉へのご機嫌うかがいという意味が強かった、ともいえよう。さらに関連を広げてみると、中元や歳暮の贈答習慣も、もともとは生見玉を対象に供物を贈るものであった、とみることができる。

こうしたわれわれ日本人の祖霊信仰とそれに準ずる長老信仰の根強さをふまえれば、直会での席次がきちんと定められていることも、おのずと納得がゆくはずである。当然、そこでは神仏や祖霊が最上座にあるわけで、ついで上座にはそれに近い長老たちが座し、以下に年長者から順に並ぶのは、道理というものであろう。そして、それがのちの寄り合いや宴会にほとんどそのまま引き継がれて、年功序列の習慣をますます発展させたのである。

つまり、今日の宴会における席次は、ただ封建性の名残り、と簡単にいってすますことはできないのである。それを無視して上座に座りたがる人は、それだけあの世に近い、と覚悟なさってしかるべきであろう。

古くは酒の肴は米と塩

祝宴と酒肴

粛々たる直会《なおらい》にはじまり饗宴《きょうえん》で賑々《にぎにぎ》しく盛りあがる。そうした日本における祝宴では、さまざまな「酒肴《しゅこう》」がこらされることになる。

酒肴——辞書には「酒と酒のさかな」（『広辞苑』）と、まことに味もそっけもない説明が書かれている。が、実際には、それ以上に深い意味をもった「酒席文化」を表徴する言葉である。酒肴を整える、ということは、ただ酒と肴だけの贅《ぜい》をいうのではなく、われわれ日本人のホスピタリティーまでをも含んでいうのである。

つまり、もてなし心であり、それは神仏、あるいは祖霊、生見玉《いきみたま》（長老）にはじまる客人への接待術にほかならない。

そうすると、そこでは当然のことながら、客たちが好むだろう酒と肴が用意される、ということになる。とくに、祖霊信仰が根強いところでは、ある種の先祖がえりをすることが、つまりは酒肴を整える、ということになるのである。

前章では、その代表的な酒肴を、酒と同じように米を原料とする飯と餅、と仮定した。御飯《みけ》、御酒《みき》、御餅《みかがみ》を神仏に供え、それに人間たちが相伴する。それを、直会の原型とした。飯、酒、餅とくれば、神饌《しんせん》でいうと熟饌であり、先にも述べたように、他の生饌と区別されるものである。

もういちど話を戻すことになるが、たとえば、熟饌は神々が食する馳走《ちそう》、生饌は収穫を確認したり祈願するための標示、とでも区別しておくとよいだろう。ちなみに、熟饌と生饌では、熟饌の方が歴史的には古いようである。それは、大嘗祭《だいじょうさい》や新嘗祭《にいなめさい》のような、もっとも古くからの祭りに熟饌が多くみられることからも推測できる。

また、熟饌は、「日供《にっく》」という言葉が示すように日常的な供物《くもつ》である。一方の生饌は、祭りの日のさらに特別な供物である。たまたま祭りの日には、それが重複して並べられるにすぎない。明治以降の神社神道では、それが定型化もした。しかし、本来の意義は別々にある、としなくてはならないのだ。

ここでは、あくまでも熟饌をとりあげて酒肴の原型をたどることにする。

一般的に、小規模な祭りであれば、酒に飯と餅があれば神饌はことたりる。もっとも、餅は飯に準ずるものであるから、飯と酒があればよいのである。

先掲の事例が示すように、現行の直会でも、高杯《たかつき》や重箱に盛った米飯と瓶子《へいし》や徳利に入れられた酒だけがふるまわれる例が少なくないのである。米飯のかわりに赤飯がだされたり、菓子（おもに干菓子）がだされたりすることもあるが、その原型は飯と酒にある、としてよい。

とすれば、そのときの酒の添えもの（肴）は飯ということになる。

たとえば、古く平安後期に大江匡房《まさふさ》が朝廷の公事《くじ》・儀式を中心に記した『江家次第《ごうけしだい》』の次の一文からも、重要な意味が見いだせるのである。

さて姫は「多志良加」と称する土器《かわらけ》より盥《たらい》に水を注ぎ、天皇御手水《おちょうず》のことあり、御食《ごしょく》薦《せん》を敷いて、飯を御前に、御肴八種を左に、菓子を右に、何れも窪手《くぼで》に盛り、小高杯に載せる、次に鮑《あわび》、海藻の羹《あつもの》を高杯にのせ、薦上に置く、次に窪手の蓋《ふた》をとり、食薦の左右に置き、次に御箸を御飯・御肴・御菓子の上に置く、ここに天皇は之を姫に給ひ、御自らは飯、白酒《しろき》、黒酒《くろき》を召される。

その席の情況を知るために長い引用となったが、注目すべきは最後の一行、「御自らは飯、白酒、黒酒を召される」にある。

ここでいう「白酒」と「黒酒」であるが、『古事記』以来使われている古語で、とくに神事に用いる酒をそう呼ぶ傾向が強い。神酒《みき》とは、白酒と黒酒の総称ということができよう。現在でも、神主が祝詞《のりと》を仰々しく奏するときには、神酒を白酒・黒酒と重ねて読みあげることがある。神前に献ずる清酒を一対（二瓶）とするのも、その名残りである。

しかし、古代における白酒と黒酒がどのような酒であったかは、諸説があり、およそ想像の域をでないことではある。たとえば、白酒は清酒で、黒酒は濁酒である、という説がある（『条々《じょうじょう》聞書《ききがき》貞丈《ていじょう》抄《しょう》』『日本山海名産図会』など）。が、また、黒酒は草木の灰を混ぜたもので、白酒はそれを混ぜないもの、という説もある（『貞丈雑記』『広辞苑』など）。そして、現存の事例からすると、前述したように、白酒が濁酒、黒酒が清酒とするのが妥当である。

もっとも、のちの神饌に献じる米に和稲《にぎしね》（白米）と荒稲《あらしね》（玄米）があり、魚に海魚と川魚があり、菜に海菜と野菜（あるいは、野菜と山菜）があるように、「対」の形式を整えるための言葉あわせであった、と単純に考えておいた方がよいかもしれない。すると、米の酒と雑穀酒であると想定することも可能であるし、同じ一夜《ひとよ》酒《ざけ》を何らかの色づけによって区別しただけと想定してもよい。とくに、一般には、その区別は、さほど重要ではなかっただろう。ゆえに、のちには清酒の一対をもってすませるようになった、とも思える。

なお、宮中の大嘗祭では、白酒殿・黒酒殿を設けて、それぞれに調整がなされる古儀を伝えてきた、という。どのような酒が用意されるのか、興味があるところであるが、これも一般に公開されるものではないのでしかとはわからない。

ここで問題とするのは、酒そのものよりも肴である。

もちろん、右の引用文中にあるように八種の肴がある事実も無視できない。しかし、天皇が飯と酒だけに手をつけ、他は姫に与えたところに注目したい。少なくとも、そうした席では、飯と酒に口をつけることを優先しなくてはならなかったことを表している、と解釈できるのである。

肴と魚

米は、かつては最上の馳走であった。日本人は、長いあいだ糅飯《かてめし》や雑炊を主食としてきたのであって、米飯はあくまでもハレの食べものであった。そして、米を特別に神聖視してきた。それについては、前章で詳しく述べたとおりである。

肴《さかな》とは「酒菜《さかな》」の義であるから、酒と共に食するものはすべて肴であるわけだが、やがて魚を意味するようになったのは、それが最も重んじられたからに相違ない。

その魚は、現在であればタイ（鯛）をもって良しとする。が、昔もそうだったのだろうか。一般的に神饌にタイを供するのは周知のとおりであるが、それは、生饌である。しかも、明治時代に国家神道としての祭祀法の統一があり、それから全国的に広まったものである。神々にめしあがってください、と捧げるわけではない。先述したように、自然が与えてくれる豊穣《ほうじょう》を感謝して次年の豊穣を祈念する、そのための標示というべきである。

それに、古くさかのぼればさかのぼるほど、鮮魚が一般に食された、とするのは相当に無理がある。とくに、内陸部において、ある程度の日数をかけて行なわれる祭りに、それを運搬、保存するのは至難の技術《わざ》、といわなくてはならない。

また、古く「生《なま》」（生魚）といったのが、はたして今日的な刺身であったかどうか、そのことも疑ってみなくてはならない。

日本人は魚食民族ではあるが、けっして生食民族とまでいいきれるものではない。

たしかに、古くから一部で刺身が食された形跡はある。たとえば、平安朝における内大臣藤原忠通《ただみち》の任大臣大饗《にんだいじんのだいきょう》の献立をみると、「鯛《たい》盛立」「鱒《ます》盛立」という表記があり、これは刺身のことであろうと推測できる。が、それは明らかに特殊例というものであって、それをもって古来刺身が魚食の主流にあったとはいえない。その献立にも、「楚割《すわやり》」（割《さ》きスルメのような干もの）、「腊《きたい》」（丸干しの細身魚の類）とか「干物蛸《ひものたこ》」「干物置鮑《ひものおきあわび》」などの非生食の料理が多く登場するのである。魚介類の料理の主流は、古くは保存性の高いものであったのだ。当然といえば当然の合理である。

そのことからすると、肴の源流は、干ものとかなれずし（熟鮓）であった、と仮定できる。つまり、塩を加えた保存のきく魚の加工品である。

現在でも各地の神饌をつぶさにひろってみると、その系譜を伝えているところがある。たとえば、スルメイカや昆布（干もの）を供える例が、もっとも広い範囲でみられる。また、全国的には特殊でも、丹波地方（兵庫県）や吉野地方（奈良県）では、なれずしを用いる例が点々とある。

その流れは、身近な例で求めると、結婚式や建前《たてまえ》の席においてもみられる。すなわち、結婚式の三々九度や親族固めの盃には、塩梅・昆布・スルメなどが添えられる。これには、互いが末長く味わうため、という説明が加えられることが多いが、いかにも語呂《ごろ》あわせの感が強い。むしろ、直会の一形式とみて、それら神饌を下げての神酒の肴としてとらえるのが妥当であろう。建前においては、餅・塩豆・スルメなどが酒と共にふるまわれるが、それも同様に理解すべきである。

なお、現在、酒の肴に塩梅を使う一般例はみあたらない。が、昆布・スルメ・塩ダラなどの干もの類が簡便な肴として伝えられている事実は、新幹線での車内販売の例をあげるまでもなく、周知のとおりである。そして、左党は、酒屋のスタンドでカップ酒を飲み、割きスルメをかじる。まさに、それこそが酒肴の古式というべきである。旧慣は、むしろそんなところに生きているのだ。

桝酒《ますざけ》を飲むとき、桝の縁に塩を少量のせる習慣をご存じの方も多かろう。そこで、さらにつきつめてゆくと、塩そのものが肴ということもできるのである。

塩の重要性

もちろん、塩は、われわれの生活に不可欠なものである。だが、古く、内陸の、とくに山間部では、塩の入手が容易でなかった。浜まで塩を焼きに行くにしても、山の幸をもって海人たちと塩を交換するにしても、ふんだんに塩が入手できたとは思えない。ましてや日本列島は、高湿度の地域や時期が多い。下手をすると、塩が溶けてしまうのである。そこで、梅肉とか魚肉に海水を十分に含ませておいて、それを干して運び保存する方法が講じられることになった。

たとえば、奈良盆地の旧家に行ってみると、江戸期の年号を記した信楽焼《しがらきやき》系の壺《つぼ》に塩梅が残っているのをみることがある。それは、シソと一緒に漬けた梅干しではない。表面に厚く塩が結晶した梅干しなのである。そして、これは調味料として用いたものだ、といい伝えられている。つまり、アンバイ（塩梅）がいい悪いという言葉の語源も、そこにうかがえるのである。それほどに、塩はわれわれの食生活に重要な位置を占める。

そこで、塩、および塩もの（干もの類）が神饌としても、それを下しての肴としても重要な位置を占めたのである。そのことは、米、および米の加工品（飯や餅）と同等に重視してもよいであろう。

日本人は、古来、米を単味原料として飯と酒、あるいは餅をハレの馳走としてきたわけであるが、そのとき、飯を食べるにせよ酒を飲むにせよ、添える味として塩味がいちばん似あったことはいうをまたない。

とくに、米から造る醸造酒は糖度が高い。甘味料が不足した時代には、それが最上の旨《うま》味《み》でもあった。「甘露《かんろ》」と酒を嘗めるがごとくにであった。いまでも、特上の吟醸酒にでくわしたとき、なまじの料理よりも、よく熟した塩辛とか小魚の丸干しの方があう——そうおっしゃる左党も多かろう。

風雑《まじ》へ　雨降る夜の　雨雑へ　雪降る夜は　術《すべ》もなく　寒くしあれば　堅塩《かたしお》を　取りつづしろひ　糟湯酒《かすゆざけ》　うち啜《すす》ろひて　咳《しわぶ》かひ……

これは、山上憶良《やまのうえのおくら》の「貧窮問答歌」（『万葉集』巻五）にみる酒肴《しゅこう》の風景である。堅塩を肴に糟湯酒とは、いささかわびしいが、妙に共感を覚える光景ではある。

風流も酒肴のひとつ

古代から中世にかけて、神前の直会《なおらい》とは別系統の、季節を遊ばんがための酒宴が発達する。そのひとつが、いわゆる風流の宴である。その場合の酒肴は、必ずしも食べものとはかぎらない。

曲水の宴

さかもり　宴をいふ、酒を盛るの義也《なり》、万葉集に、肆宴《しえん》をよめり、むかしは杯さす人自ら酌んでまゐる也、花のえん、月のえん、内宴、賀宴、曲水宴《きょくすいのえん》、重陽宴《ちょうようのえん》など是《これ》也。
（『倭訓栞《わくんのしおり》』）

歌をよみ、花鳥風月を愛《め》でる酒宴の風景がうかがえる。その場合は、風流が酒の肴ということになろうか。もっとも、その酒宴は、民衆社会とはおよそ無縁なものだったろう。あくまで、貴族を中心とした特権社会の雅風であった。

たとえば、曲水の宴。これは、桃の節供に公卿《くぎょう》のあいだで行なわれたもので、庭園の曲水に臨んで所々に座し、上流から流される盃が自分の前を過ぎぬうちに詩歌を詠じ、盃をとりあげ酒を飲む一種の遊戯である。それは、現在、毎年二回、四月二九日と一一月三日に京都の城南宮《じょうなんぐう》（伏見区）で再現され、そのもようが新聞・テレビのニュースでも流されているので、ご存じの方も多かろう。そして、終了後に別堂であらためて酒宴を設けて歌を披講する、というものである。

残念ながら、各種の文献からも、そこでの酒と肴の内容を正確に探ることはできない。しかし、いずれにせよ、少量の酒と肴であっただろう。飲酒にふける宴ではない。愛《め》ずべき風流が酒肴であった、と想定できる。

散花《ちるはな》を　けふのまどゐの光りにて　浪間にめぐる春の酒盃《さかずき》　（後京極摂政）

『古今夷曲集《こきんいきょくしゅう》』には、このように花鳥風月を酒肴とする風景を詠んだ歌が多い。他に、蓮《はす》葉《は》の宴（八月）、萩の花の宴（八月）、菊花の宴（九月）など。もっとも、いかに風流の宴とはいえ、そこにも若干の食品が酒の肴として別に用意された形跡が、当然ながらある。

雁の汁　きくの酒のむ秋はあれど　春の海辺に浜やきの鯛　（重頼）

平安朝の貴族たちは、何かにつけてみやびやかなことをして遊ぶことに長じていた。それを物語るように、平安時代の貴族社会を中心とした諸文献には、「風流」という言葉がよくあらわれている。

ちなみに、風流とは、『大漢和辞典』によれば、「なごり・みやびやかなこと・おもむき」などとある。また、『古典文学大辞典』では、「平安中期から特定の場にふさわしい特別な意匠を凝らしたものをつくったり衣服に特別な飾りをつけた時に風情を尽くすという意味で風流とよんだ」として、その起源が平安時代にあることを明確にしている。右のような酒宴は、そうした風流のひとつとして位置づけることができよう。

なお、平安朝の風流は後世でいう風流とはまた異なるもの、と『嬉遊笑覧《きゆうしようらん》』（文政期）では位置づけている。

昔の酒宴、献酬、今世のさまとはことたがひたり、先づ我れのみて扨《さて》酒づきに酒をひとつうけて、其《そ》の酒盃をもつて対の人の前に置きまゐらす、この時歌或《あるい》は今様朗詠など、うたひものを肴にせしなり。

平安朝の風流を構成する大きな要素は、詩歌であった。それは、いうなれば歌会。したがって、歌詠みの素養を共有する社会でしか成立しないのは、当然のことであった。

京の雅風と鄙の薬餌

さらに、平安貴族の宴では、舞もまた酒肴のひとつになっていたであろう。たとえば『古今夷曲集』には、「肴舞の扇子の風もいやで候、今を盛りの花見酒」とあるし、狂言の『棒縛り』にも「肴に、何ぞ小舞を舞へ」という台詞《せりふ》がみられる。詩歌を、そして舞を肴に酒を飲む——そうした光景が、平安朝の宴にはうかがえるのである。

平安朝で、風流の宴にも展開した代表的な行事は「節供《せっく》」である。その源流は、さらに古く中国に求められる。たとえば、曲水の宴のそもそもの起こりは、中世の年中行事をよく描いている『世諺問答《せげんもんどう》』によれば次のとおりである。

三月、問ふて云《いわ》く、三月三日に、桃花の酒をのみ侍《はべ》るは、何のいはれぞや、答、人の国のことにや、太康《たいこう》（西晋《せいしん》武帝年号）年中に、山民建山自然武陵といふ所にいたりて、桃花水にながれしをのみしより、気力さかんなりしかば、いのち三百余歳におよべり、されば今の世に、桃花をもちひ侍るとかや、酒をのむ事は、周の曲水の宴に、盃をながせしよりや初まりけん。

また、曲水の宴と並び、さかんであった菊花の宴については、時代を少しさがって中世末の料理書である『庖丁書録《ほうちょうしょろく》』に次のように記されている。

九月九日、菊花の宴あり、是を重陽の宴と申也、天子より臣下に菊の酒をたまはる、御帳左右に茱萸《ぐみ》の嚢《ふくろ》をかけ、御前に菊瓶をおく、又茱萸の房を折て頭にさしはさめば、悪気をさると云本文あり、昔費長房と云仙人、汝南《じょなん》の桓景《かんけい》にかたりていはく、九月九日、汝《なんじ》の家に災あるべし、茱萸の嚢をぬいてひぢにかけ、山にのぼりて菊酒をのまば、此《この》災きゆべしと申ければ、其《その》日にいたりて、をしへのごとくせしかば、其身はつゝがなくして、家中の鶏犬羊こと〴〵く死たり、かやうの功能侍るより、今日は菊酒をのむと云伝へたり。

つまり、中国においては曲水の宴にしろ菊花の宴にしろ、もともとは四季折々の健康を祈願しての行事であった。桃酒とか菊酒とか、薬酒を飲むことに本義があって、雅風な行事ではない。平安朝の貴族がそれを取りいれて雅風に仕立て直した、とみるのがよかろう。むしろ、そうした中国の故事にのっとった本義は、貴族社会ではなく庶民社会のなかに広まっていった、といえる。たとえば、上巳《じょうし》（桃）の節供（三月）、端午の節供（五月）、重陽の節供（九月）などの節供祝いである。

今日に伝わる行事内容からもわかるように、ごく一般的にいうと、桃の節供には、雛人《ひなにん》形《ぎょう》を飾り、桃の酒や菱餅《ひしもち》などを供える。端午の節供には、菖蒲《しょうぶ》や蓬《よもぎ》を軒にさし、鯉幟《こいのぼり》・武者人形を飾って、菖蒲酒を飲み粽《ちまき》や柏餅《かしわもち》を食べる習わしがある。また、菖蒲湯に入る習慣も広く伝えられている。そして、重陽の節供には、菊花酒と団子や餅をつくり一同が飲食を共にするのである。もっとも、桃の酒にしても菖蒲酒、菊花酒にしても、花びらや新芽の片を浮かべただけのもので、それで薬効があるとは思えない。が、人びとは、それを薬酒として季節の変り目を無事に越せるよう願ったのである。

とくに、民間においては、子どもや老人の健康祈願の意が顕著であった。

そこであらためて注目すべきは、節供祝いにも酒と餅が重用されてきたことである。神《しん》饌《せん》と直会《なおらい》については、すでに述べたとおりであるが、その形式がこうした節供祝いにもそのまま伝えられていることである。それは、折目節目における生命の再生を祈願してのことであっただろうことは疑うべくもない。そして、民間でのそれは、風流よりも祈願と薬餌を大事として展開しているのである。

庶民社会の「うたげ」

風流の宴は、あくまでも貴族社会を中心に展開したものであったが、庶民社会にもその流れをくむ宴があった。古く文献のうえにあらわれる「うたげ」（歌垣《うたがき》）である。

たとえば、『出雲国風土記《いずものくにふどき》』には「燕楽《うたげ》」、また、それに前後して編纂《へんさん》された『播磨国《はりまのくに》風土記』には「宴遊《うたげ》」、『常陸国《ひたちのくに》風土記』には「嬥歌《かがい》」としてでてくる野外の祝宴の類である。その内容の記述にはそれぞれにちがいがあるが、大意においては、毎年春や秋になると人びとが誘いあって山や丘に登り、飲食を楽しみ、男女のあいだで歌を掛けあった行事、ということで共通する。いうまでもなく、そこでは四季折々の山容や花鳥、あるいは詩歌が酒肴になっていたわけだ。とくに、春のそれが大事であった。

ただ、単に風流の遊びとみるわけにはゆかない。ここで特筆すべきは、それがカミが鎮まるとされた聖なる地で行なわれた、ということである。もとよりカミが鎮まりやすいとされるのは山、丘、磯（岬）、泉などであるが、そのもっとも代表的な場所として『常陸国風土記』での筑波《つくば》山《さん》のような「山」がある。つまり、日常的に生活をたてている人里とは異なる異界に近い場所なのである。そこに、非日常的な祝祭空間が演出されることになった。したがって、そこでの酒宴は、そうした非日常の祭りであり、カミとの共食である、とみなくてはならない。

やがて、それが農山村での「山遊び」、漁村における「浜遊び」（磯遊び）へと展開する。

山遊びとは、いまでも西日本の農村社会にはわずかに事例が残っているが、春先に一集落こぞって山にでて飲食に興じる、という行事である。これは、ただ単に「花見」といういい方をしてすますところもある。つまり、娯楽化もしたのだ。しかし、この場合の「見」には、物見とか日和見というがごとくに何かをはかるという意がふくまれているのである。

山に咲く花をたしかめ、その花の下で山のカミを祀って祝宴を催す。その花とは、いうまでもなくサクラである。

そもそもサクラとは、「サ」と「クラ」の複合語である、とみよう。サは、清らかという意味の接頭語。クラは、大事なものを置いたり乗せたりする装置。つまり、そこは、カミが宿る特別な場所と読みとれるのである。

山のサクラの下での宴。そこで、人びとはカミに何を祈念したのか。

ときは、春先。そろそろ農作業がはじまる時期でもある。農作の豊穣を祈念しての予祝行事（祭り）、とみなくてはならない。事実、人びとは、サクラの木の根元に酒を撒《ま》き、その一枝を手折って持ち帰り、それを庭口や田の水口に立てた。それは、サクラの木に宿った山のカミを田のカミに降ろすことを意味していたのである。

ちなみに、日本では、鹿児島県下や能登半島をのぞくと、田畑に専属のカミは存在しない。大方のところで、農繁期にかぎり、山のカミが田のカミに転じる、としてきたのである。

花見のあと、苗代づくりがはじまる。それから約五〇日、田植となる。

かつての田植は、共同作業だったから、にぎやかであった。とくに、一番田（最初に植える田）の田植は、これまた祭りであった。

現在も、中国山地の農村では、「大田植」とか「花田植」といって、太鼓《たいこ》や鉦《かね》の囃子《はやし》のなかで美しく着飾った牛が田を引きならし、早乙女《さおとめ》が田植を行なう行事が伝わる。それは、国や県の文化財指定を受けて伝承されているが、そうならないですたれてしまった同類の行事が各地にあった。

農民にとって、田植は収穫と同等に、いやそれ以上に大事な作業であった、豊作への祈願が、より切実にこめられている。サナエ（早苗）、サオトメ（早乙女）、サナブリ（早苗饗＝田植後の祝い）など、田植作業には、「サ」を冠するものが多い。それだけ、田植もまた神聖な作業だったのである。

古く、花見は、その田植の時期をはかり、豊作を予祝する祭りであったのだ。花見も田植も、時代を経るにしたがい、その本義が後退していった。ことに、花見は娯楽行事と化して久しい。だが、ことに、その源流をたどれば、とくにそこで酒が不可欠であることの必然もみえてこようというもの。ここにも神人が共食して、万事つつがなきことを約する意が潜在しているのである。

出陣の酒、出立ちの酒

武家社会での三々九度

鎌倉時代以降、武家社会でも酒宴の発達をみた。まず、出陣に際しての祝宴が催されている。しかし、もとより鎌倉、あるいは戦国期の武士は質素を旨《むね》とするものであり、その宴は、貴族社会のそれとは比較すべくもなく簡素なものであった。

出陣の時肴組《さかなぐみ》やう、かりそめに肴を拵《こしら》ふる事、打鮑《うちあわび》二つ、勝栗《かちぐり》五つ三つも組むなり。出陣の時に、一に打鮑、二に勝栗、三に昆布、如《かくのごとく》レ是祝ふなり、うち勝よろこぶといふ心なり。

（『軍用記』）

ここからもわかるように、出陣の宴は、酒や肴を楽しんで味わうためのものではなく、戦《いくさ》の勝利を祈願しての儀式であり、それなりに厳粛だったことがうかがえる。

ただ、ここで興味深いのは、質素ながらも打鮑や昆布といった酒ととくに相性のよい塩ものが用意されていた点である。むろん、そこには勝利にちなんだ語呂《ごろ》あわせ、験《げん》かつぎの意味が強く内在しているが、それにしても、やはりそれなりの酒肴がこらされていた、とみてよかろう。

さらに注目に値するのは、ここに続いて三々九度の盃事《さかずきごと》がでてくることである。

肴喰ひ様、先出陣の時は打あはびを取りて左の手に持ち、ほそき方よりふとき方へ口を付けて、ふとき所をすこし喰切りて上の盃をとりあげ、酒を三度入れさせて呑《の》みて、其の盃は打蚫の前辺にも置くべし。さて次にかち栗の真中に有るをとりてくひかきて、なかの盃にて酒三度入れさせのみて、其の盃を前の盃の上におくべし。扨《さて》次に昆布の有るを取りて、両の端を切りて中をくひ切りて、下の盃にて三度酒を入れさせて呑みて、其の盃を本の所へおくべし。喰ひたる残りの喰かけの肴は、膳《ぜん》の左の隅の辺におくべし。酒を盃に入れ様は、そゝと二度入れて三度めには多く入るべし。酒嫌ひなる人には呑み残さぬやうに少し入るべし、いつもそと一度入れたらば、くはへて二度参らすべし。以上三度三盃にて三々九度なり。

三々九度の盃事は、現在では結婚式の神事として伝えられている。そのことは周知のとおりだが、その起源はかならずしも明らかでない。『古事記』に登場する伊邪那岐命《いざなぎのみこと》・伊《い》邪那美命《ざなみのみこと》の天《あま》の御柱の故事にちなんだもの、という説が冠婚葬祭の教示本には多く用いられているが、それはどうであろうか。

私が古文献にあたってみたかぎりでは、三々九度の盃事は、右の出陣の記が初出である。そして、少なくとも以後は、武家社会を中心に伝えられてきた。

その場合、三々九度のかたちも、武運長久を祈念しての験かつぎの意が濃い、とみるべきではないか。つまり、陰陽の陽の数字を重んじたわけである。


　酒をさゝとも、くこんとも云ふは、さゝは三々也。くこんは九献也、酒は三々九度呑むを祝ひとする故也、九は陽数にてめでたき数ゆゑ、唐土にも九献と云ふ事あり。

（『貞丈雑記』）


この解釈には怪しげなところもあるが、おおむねは正しい、とする。

三つの盃を、それぞれ三口で飲み干す。それで三々九度。その三々九度を、特定の人と人との間で執りかわす。親子盃、兄弟盃、女夫盃《みようと》など、近年まで伝えられていた。ある種の契約である。先の出陣の盃は、主従の間で武運を約する、ということになろうか。

その一方で、神人の間で執りかわす盃事もある。これまでに述べてきた直会《なおらい》の盃事にほかならない。これも、祈願と加護の契約関係の成立を証す、としてよかろう。

三々九度の盃事は、日本における契約儀礼なのである。

壮行の宴

さて、出陣の宴である。

それは、近世になると、太平の世の訪れとともに姿を消していった。しかし、そのひとつの流れは、近世以降も広くデダチ（出立ち）という壮行の宴に引きつがれていったのである。

デダチのひとつは、娘を嫁に出す前に近隣の縁者を招いて催す祝宴である。これは、とくに西日本の各地で近年まで行なわれてきた。もうひとつは、旅に出る者を近親者がむら境のあたりまで見送って催す祝宴である。現代風にいうと、送別会ということになろうか。

庶民の旅が急速に発達したのは江戸中期のことである。それは、ひとつに参勤交代の制度により街道や宿駅の整備が積極的にすすめられ、旅がしやすくなったからである。とはいえ、幕藩体制下での法は厳しく、庶民がいわゆるむらから離脱することはさまざまに規制されていた。彼らがむらを離れて旅にでる方便としてもっとも有効であったのは、まず第一に天下泰平や五穀豊穣の祈願をするための寺社詣《じしやもうで》であった。もちろん、農閑期の旅立ちである。それも、大勢でぞろぞろでるのではなく、村落社会や若者組を代表して寺社詣にでる。あるいは、講に参加して団体行動をする。つまり、それが個人的な遊興でなく社会的な儀礼であるという大義名分をもつことで、お上（法）の目こぼしを得たのである。

そして、そうした旅であるがゆえに、近親者がむら境まで送っていき、そこで酒をくみかわして旅の成就を祈念する習慣も広まったのでもある。もうひとつには、それは、壮行の宴であるとともに、訣別《けつべつ》の宴でもあった。いまとちがって交通が未発達な時代には、旅は多くの苦難を伴うものであり、そのときが永遠の別離にならないともかぎらなかったからである。水盃の意がそこに含まれている。そのところでのその状況は、武士の出陣にも酷似していた。

こうした出立ちの習俗は、近年まで各地にみられたものである。記憶にまだ新しいところでは、海外旅行が未発達な時代の海港や空港でその風景がみられた。そこで、餞別《せんべつ》という習俗も派生したのである。

飲酒習慣が確立した日清・日露両役

時代が進んで、明治期。

日清戦争（明治二七―二八年）、日露戦争（明治三七―三八年）が勃発《ぼっぱつ》、久しく途だえていた出陣の宴が、またにぎにぎしく行なわれることになった。もちろん、厳密にいうと、それ以前の幕末から明治初年にかけても勤王・佐幕両派の戦いが幾度かあったが、それは戦闘的な規模からみると、武家社会を中心とした小ぜりあいというべきもので、日清・日露戦ほどの規模の拡大はなかった。何よりも、日清・日露戦は徴兵制度のもとに行なわれており、それまでの戦闘専門家（武士）による戦争とは大きなちがいがあったのだ。それだけに、民衆社会への影響が大きかった。

あくまでも「酒」というテーマにしたがっていうと、この両役によって庶民の日常生活のなかに飲酒習慣が確立されることになったのである。

まず、徴兵によって、むらやまちから若者が戦地におもむいてゆく。その出兵、あるいは凱旋《がいせん》には祝宴がつきものとなり、そこではぞんぶんに酒がふるまわれた。これは、国家的な行事がなす新しい習慣であり、すぐさま全国に広まった。

また、兵役にでていった者たちは、そこでもたびたびに酒を飲む。渋沢敬三編『明治文化史』などによると、軍部は、兵舎への酒の供給には、武器や食料の供給についで並々ならぬ努力をした形跡がある。戦争に勝ち進んでいるかぎり、軍隊には酒がついてまわる。勝戦中の軍隊は、ある意味では祭りに準ずるハレの場であった。そして、そこで飲酒習慣を身につけて帰郷した者（退役軍人）が、飲酒をより日常化して広めることになった。それは、太平洋戦争（昭和一六—二〇年）以後、米軍の前線基地に飲料水としてコーラが支給されたことと、その後に販売が開始されたコーラ飲料がまたたく間に世界的な飲料となったことに共通する現象である。

日清・日露戦から後の酒造量の増加、明治中期以降の地方における酒造の企業化、小売容器としての貧乏徳利の普及などをみても、戦争を契機として飲酒習俗が広まっていった事実が明らかになるのである。

貧乏徳利の普及

貧乏徳利とは、酒屋が小売り用に貸しだした容器のことである。この場合の酒屋とは、醸造元のことで、かつては直売が一般的であったのだ。これは、貸し徳利、通い徳利とも呼ばれ、ガラス瓶が普及する昭和の初めごろまでの半世紀ほどのあいだにもっとも多用された。

もちろん、貧乏徳利の存在そのものは、それより古く確かめることができる。たとえば、江戸後期の風俗図集『守貞漫稿《もりさだまんこう》』には、次のように記されている。

江戸五合或《あるい》は一升に樽《たる》と此陶と並び用ふ、大小あり、号《なづけ》て貧乏徳利と云、其謂《そのいい》を知らず、売貸とも同前。

しかし、そこに描かれている図をみると、酒屋（この場合は、小売り酒屋のこと）の印《しるし》は符丁程度に簡単で、無印のものも多い。黄表紙『一刻価万両回春』（寛政一〇年）をみても同様である。

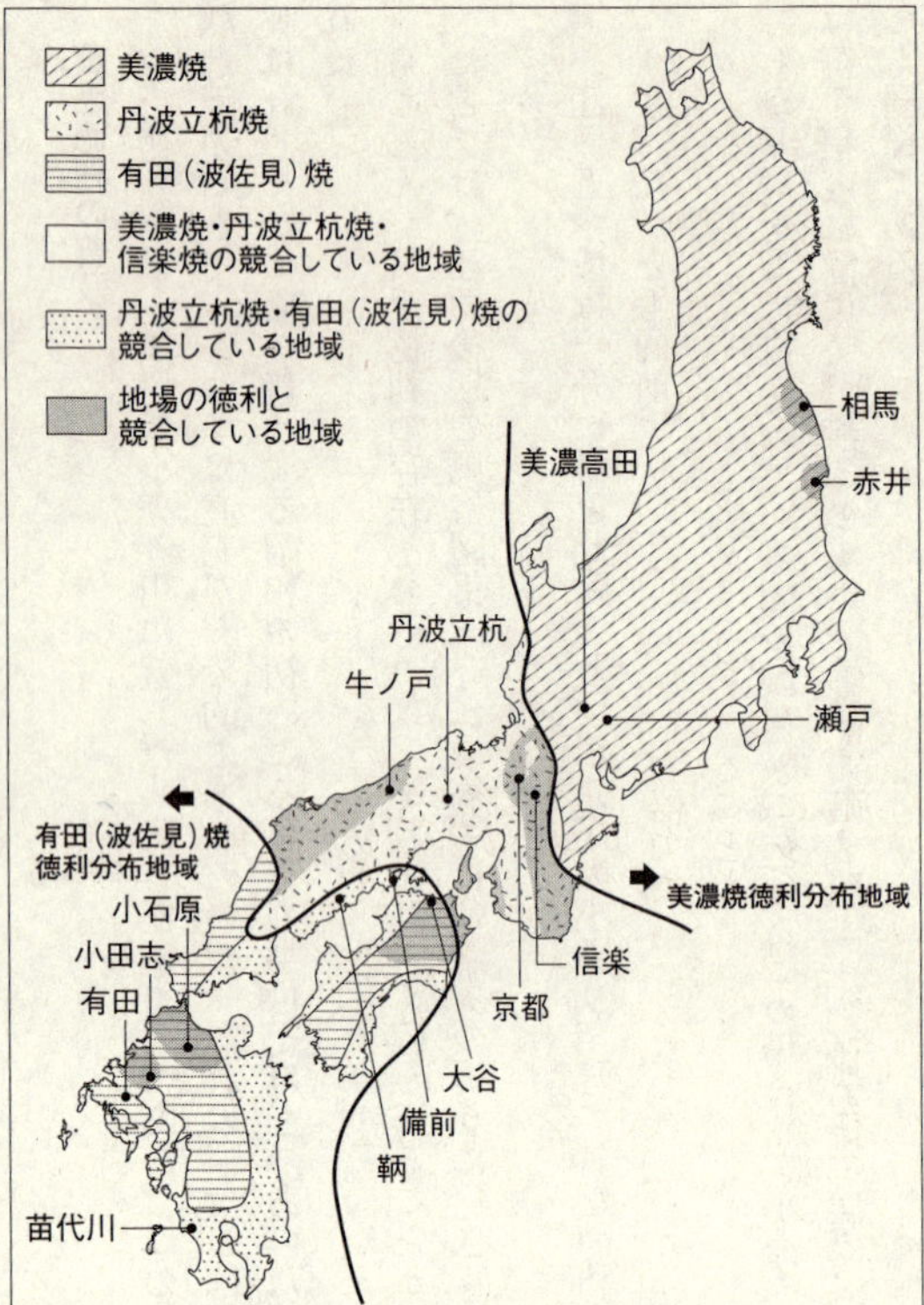

図2-2　貧乏徳利の分布

最近は、近世を対象とした考古学的な発掘調査も行なわれるようになっているが、都心部で出土するその遺品をみても同様である。江戸（東京）におけるそれは美濃《みの》高田《たかだ》焼の徳利に相違なく、大半は無印で、印があるとすれば墨で書いたものか釘《くぎ》で傷つけたものである。

江戸後期の江戸では、小売り酒屋、あるいは居酒屋の容器としての貧乏徳利が認められる。しかし、それは、酒の大消費地であった江戸にかぎられたことで、その印もまだ一定の方式が定まってはいなかった。

明治期の貧乏徳利には、銘柄名、酒屋名、地名、通し番号などが記されている。現行のラベルに相当するものであるが、貧乏徳利の場合は、酒屋があとで回収しやすいように記したのである。ということは、各地の酒屋での醸造量が増加し、流通が盛んになったことを表している。しかも、そこに電話番号が記してある例が少なくないのだ。ということから、この貧乏徳利の普及は、明治も中期以降の流行現象とせざるをえないのである。

日本国中に広く分布する貧乏徳利には、美濃高田焼（岐阜県）、丹波立杭《たちくい》焼（兵庫県）の陶器徳利と、有田焼（佐賀県）系の磁器徳利がある。

こうした貧乏徳利は、本来は酒の運搬容器であるが、大人数で酒を飲むときには、そのまま羽釜《はがま》の湯につけて燗徳利《かんどくり》に転用されることもあった。

燗徳利や盃の普及も、全国的にみて量的に多くなるのが明治期のことである。とくに、注目すべきは有田焼系の磁器で、出兵や凱旋、それに戦勝を祝う印が記名されているものが少なくない。

2

1

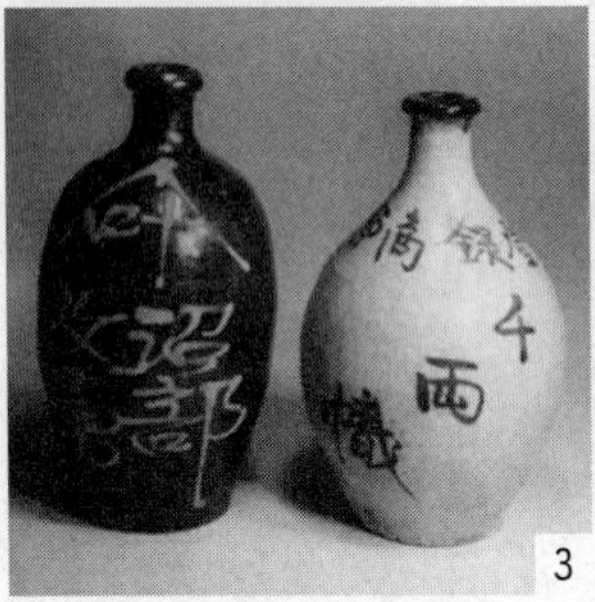

3

図2-3　貧乏徳利各種
1　美濃焼貧乏徳利
2　有田焼系貧乏徳利
3　有田焼に対抗した丹波立杭焼貧乏徳利（左が本来のもの、右が九州向けに白釉薬をかけたもの）

それをもってしても、極論すれば、明治から昭和にかけて戦争のたびに飲酒習慣が広まっていった、と考えてもよいのではなかろうか。

宴会席の料理は盛りつけ次第

一度、一献、一巡

現在、われわれは、相手に酒をすすめるときに、ごく何気なく「もう一献《いっこん》いきましょう」などという。

あるいは、酒のことを女房言葉では「九献《くこん》」ともいった。『貞丈雑記』あたりでは、もとは公家言葉であった、と記しているが、これは江戸期によく使われた言葉である。

では、その「献」とは何を意味するのか。もちろん、料理の「献立」とも相関するが、本来の意は「酒肴《しゅこう》一献」にある。つまり、簡素な肴《さかな》をだして少量の酒をすすめ、それを一応納めるのを一献とするのだ。その酒肴をとりかえて三回、つまり三献で納めるのが、古くは正式な作法とされたのである。

ひと杯《つき》の酒のむを一度といひ三度のむを一献といひき、なみゐたる座にてさかづきを一たびめぐらしのむをば一巡といへり。さてもの〻儀式に、うるはしくのむは三度

と三献とにぞありける。（中略）
北山抄《ほくざんしょう》一の巻、二宮大饗《にぐうのだいきょう》のくだりには、三献後有二音楽一、数巡之後云々《うんぬん》とあるをみれば、三献うるはしくのみをはりてのち、度々さかづきめぐらすこともありしなり、されどこれも大かたのさだまりはありとしられつ。

（「松の落葉」『古事類苑　飲食部』）

引用の文脈からして、右の記述内容は、ほぼ平安期から鎌倉期を背景に描かれたもの、と思われる。三度とは、三口。三つの杯（盃）を三口ずつで飲むのであるから、「三々九度」。これを式正として、あとは盃の応酬もあり、談論風発、歌舞音曲もよし、となる。つまり、三献が礼講（式献）、それをすませての無礼講をいっているのである。

藤原忠通の任大臣大饗の献立例

かつて酒は貴重な飲料であった。酒宴もかぎられていた。その時代に、こうした三献の飲酒作法が定法化したのは、うがってみると、酒量を制限した、ということにもなろうか。酒質もアルコール度がさほどには高くなかったはずで、大酒で盛りあがる宴席までを想像しない方がよいだろう。

では、そうしたときの酒の肴とはどんなものであったのだろうか。

右の引用文は、公的な酒宴について記されている。文中にでてくる大饗とは、天皇の即位や大臣相当の就任披露の祝宴である。日本人全体からみると、特殊な例であるが、およそ飲酒習俗というのは特殊なところではじまり、それが時代を経て大衆化、日常化するものである。という意味で、前述した内大臣藤原忠通の任大臣大饗《にんだいじんのだいきょう》（永久四＝一一一六年）の献立例を考察してみよう。

干　物――楚割《すわやり》・千鳥・蛸《たこ》・置鮑《おきあわび》
生　物――鯛《たい》（立盛）・鱒《ます》（立盛）・蟹蜷《かに》・小蠃子《しただみ》・雲蠃子《うに》・石華《ところてん》・鯉鱠《こいなます》・雉《きじ》（立盛）・蝙蠚《かわほり》・老海鼠《ほや》・海月《くらげ》・コミ・モムキ・栄螺子《さざえ》・貝蚫・石陰子《かせ》・白貝《おふ》
木菓子――獼猴桃《やぶなし》・小柑子《こうじ》・干棗《ほしなつめ》・梨子《なし》
唐菓子――饆饠《ひら》・黏臍《てんせい》・桂心《けいしん》・餲餬《かつこ》
（菊地勇次郎『食物史』より）

品目としたら、たしかに多くがでてくる。とくに、贄《ぜい》をこらして海産の珍味が集められている。しかし、その内容の分析には、慎重を期さなくてはならない。干もの（干物）と菓子はともかくとして、問題は生もの（生物）である。これを、今日的な刺身類と解釈するのは妥当でない。もちろん、大臣就任の祝賀であるから、相当な手だてをもって海産物を新鮮な状態で運んできたには相違ない。

禅宗と精進料理

しかし、ところは内陸の京都である。京都における海産物は、つい近年まで主として日本海側の若狭方面から入ってきていた。タイやタコは、瀬戸内海方面から入ることもあったが、明治以前にさかのぼってみると、大坂・京都間は往来に難儀な湿地帯であった。淀《よど》川《がわ》筋の水運はあったものの、政治的な要塞《ようさい》ともなっていて、大量の物資の運搬には適していなかった。そこで、一八里（七二キロ）も離れた若狭方面から海産物を搬入することになったのである。そこでは、当然、鮮魚を期待すべくもなかった。現在でも、京都を代表する料理に芋ぼう（棒ダラ）や鰊《にしん》そば（身欠きニシン）、生《き》ずし（締めサバ）が伝えられていることが、こうした歴史を如実に物語っている。

とくに、生ずしに注目しなくてはならない。京都では、締めサバのことを生ずしという。かつて、若狭から京都までの主要路を鯖《さば》街道と呼んでいたほどに、大量のサバが京都に入ってきていた。もちろん、それは塩サバである。それを、さらに酢で締めたり麴《こうじ》で漬けたりして保存性を高めて食した。京都での「生」とは、そうした魚だったのである。

したがって、この献立表の生ものを言葉どおりに受けとらない方がよい。またその他の品も、今日的な料理感覚で短絡視しない方がよい。しかし、このあたりから、酒宴の肴がある形式をもった料理として、特権社会の特殊な宴のなかから展開してゆくのである。

一方で、鎌倉期になると、禅宗系の精進料理《しょうじん》が生まれた。この精進料理は、帰朝後に道元が永平寺（福井県）を開山してから禅（曹洞禅）とともに広めた、という説がある。もうひとつの流れは、宇治の萬福寺（京都府）の普茶料理がある。そして、今日に伝わるかたちは、永平寺のものはより日本的、それに対して万福寺のものはより中国的といわれる。

もちろん、精進料理がでてくる席は、酒席ではない。しかし、今日いうところの日本料理のある原型がそこにみられる、といってよいのである。たとえば、具体的にいうと、塗りもの（漆器）の平膳《ひらぜん》と椀《わん》を組みあわせて用いる形式である。それ以前は、白木《しらき》の折敷《おしき》や須恵器《すえき》の食器が中心で、塗りものでは高杯《たかつき》や懸盤《かけばん》が用いられていたことが、『慕帰絵詞《ぼきえことば》』や『春日権現霊験記絵巻《かすがごんげんれいげんきえまき》』などからうかがえる。それが、鎌倉期あたりを境に変化がみられるのである。

室町時代になると、本膳料理へと展開する。

そのとき、山蔭流《やまかげりゅう》とか大草流、四条流などの料理道があらわれた。そこで、庖丁《ほうちょう》さばきや盛りつけ、配膳の法が定まり、やがて豪華な膳組料理の形式ができたのである。

いうまでもなく本膳とは、それが単独でも成立する膳組のことであるが、ほかに二の膳や三の膳を伴うことにもなるので、そう呼ばれるのである。武家社会のなかで、公式の宴の料理として定着するのであるが、現在われわれがなじんでいる会席料理の本流の原型と

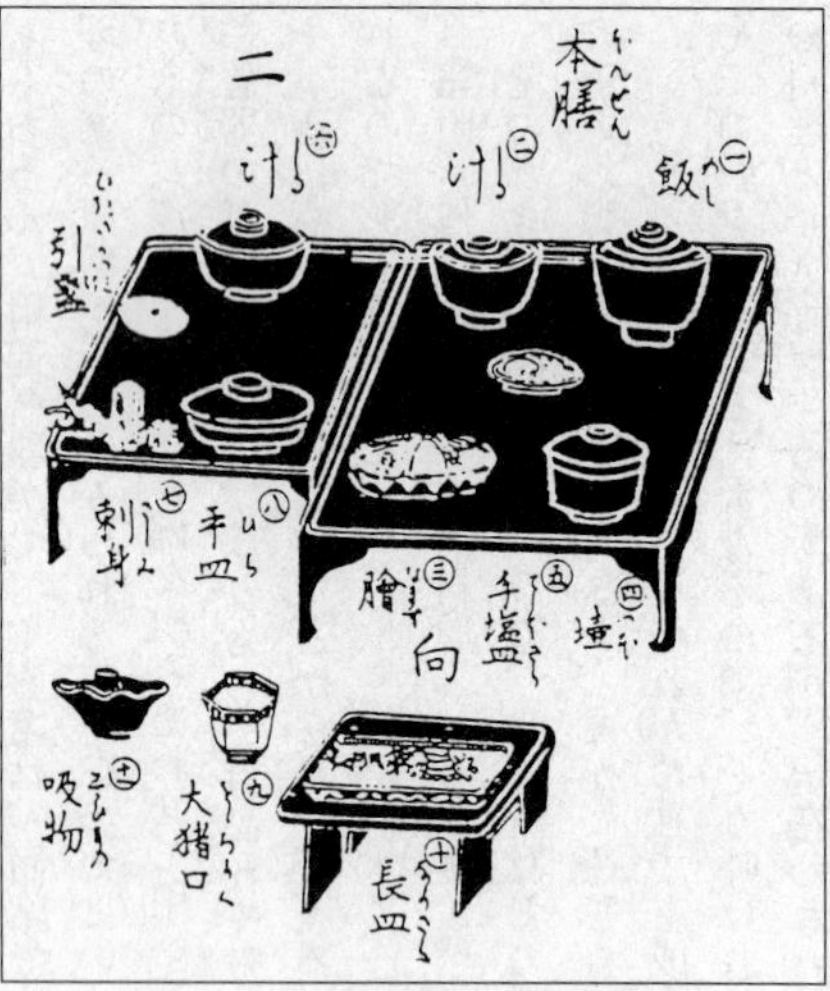

図2-4　会席の膳（「料理早指南」）

みてもよいであろう。

したがって、ここにおいて、今日的な酒と料理の不可分な関係が生じたのである。いいかえれば、食中酒としての酒の認知がはじまったのである。

しかし、それが民衆社会に広まるのは、なお時代を経なくてはならなかった。武士層のみならず、一部の町人層までが酒宴で料理を楽しむことが一般化するのは、江戸時代も中期のことである。いわゆる料理茶屋の出現を待たなくてはならないのである。

文化七（一八一〇）年刊の『飛鳥川《あすかがわ》』（続）には、「料理茶屋にて会席仕立の始は安永の末」とある。

会席料理もさまざまあるが、全体に華美に流れる傾向が生じた。

八百善の会席料理

図2-5　八百善の宴席
（広重「江戸高名会亭尽　山谷」サントリー美術館）

ちなみに、江戸の名亭といわれた「八百善」（京都から進出したもの）の会席料理の献立（『江戸流行料理通』に所収）は、つぎのようなものであった。

〈本　膳〉鱠《なます》――朝日平目
いかせん
白髪《しらが》うど
巻岩茸《まきいわたけ》
青海苔《あおのり》
くり生姜《しょうが》
煎酒《いりざけ》
汁――きすのつみいれ
ふきのとう
平――巻甘鯛
鴨《かも》そぎ身
清松茸

くわい
じくせり
香物——押うり
奈良漬なす
しん大根
飯
〈二の膳〉猪口《ちょこ》——つくし（略）
嫁菜
坪——赤貝やわらか煮
焼栗《やきぐり》（略）
銀杏《ぎんなん》
二汁——あいなめ
葉ぼうふう
〈三の膳〉焼物——けんちん小鯛
煮とうがらし

もっとも、これも特別な料理屋の豪華な料理である。一般の会席料理は、さらに質、量とも内容を割りびいて考えなくてはなるまい。

鱠が初めにあり量的にも多いのは、前代からの伝統というものであろう。ただ、その料理を総覧すると、ほぼ現在の会席料理に相通じるもの、としてよい。膳組の形式はともかくとして、ここで料理の品数が増える傾向が生じたのは事実である。そして、それを酒肴とするかぎりでは座が長くなることになった。

そこでは直会《なおらい》に端を発する儀礼的な祝宴（礼講）が後退、いわゆる無礼講を是とする饗《きよう》宴《えん》が肥大化することになった。そこに、酌婦がつき、歌舞音曲も添えられるようになってゆくのである。

飲酒の街区、花柳街の形成

江戸中期に料理茶屋が発達し、やがて、そこに盛り場（飲食街）が形成された。俗にいうところの花柳街。それは、とりもなおさず飲酒習俗が町中で日常化したことを表す事実である。もっとも、日本全体でみると、江戸を中心とした都市部での、しかも特定の場所での現象であった。が、飲食、あるいは遊興の専門街ができたことは、注目に値することである。

そこで、江戸における花柳街の形成について考察しておこう。

まず、芸妓《げいぎ》（芸者）の登場について考えてみる。

芸妓の登場

今日でいう芸妓の登場は、江戸後期、文化・文政（一八〇四―三〇）のころであった。それ以前は、遊芸をする者は男女を問わず芸者といわれていた。もっとも、大道芸者に対して座敷芸者といわれた例もあり、座敷芸者のなかには今日の芸妓に通じる女性もいた。とくに、それを、踊子ともいった。

江戸前期は、料亭や待合がまだ未発達な時代である。はじめ、踊子は、大名や旗本の屋敷に招かれて市中で流行の遊芸を披露して酒席に興を添えていた、という。それがどれほどの芸であったかは明らかでないが、おそらく痴態をもって客に媚《こ》びを売ることもあったのだろう。

幕府は、それを、風紀を乱すものとして厳禁する。

町中にて女踊子仕立女子共召連《めしつ》れ屋敷へ遣し為踊候由《おどりをなしそうろうよし》相聞え不届《ふとどき》に候、向後《きょうご》相互に吟味仕、右の女子共集め置屋敷方は不及申何方《いずかた》へも一切遣し申間敷《もうすまじく》候、右相背き候者は屹度《きっと》尤《とが》め可申付候

（元禄二年＝一六八九）

もっとも、そうした享楽の類《たぐい》は、行政的な取り締まりによって壊滅するものではない。それは、近年の売春防止法や風俗営業法がとかくザル法といわれたりする例からも容易に想像できることである。それに、右に示したように、あくまでも武家の粛正を大義としての取り締まりであったのだ。それをもって全面禁止、とみない方がよろしいのだ。

江戸中期にかかるころ、天下泰平の世がはじまる。それにつれ歌舞・遊興の習俗が表出することになった。あわせて、江戸の市中でも飲酒の習俗が広まってゆくのも当然のことであった。

たとえば、今日的な料理屋（料理茶屋）ができ宴会が行なわれるようになるのが、記録に残るところでは明和年間（一七六四―七二）のこと。洲崎《すさき》の「桝屋」など二十数軒の開業届が一斉にだされたのが明和年間であった。

それと前後して、料理茶屋以外にもさまざまな茶屋が登場する。茶屋は、大別すると水茶屋（腰掛茶屋・床几《しょうぎ》茶屋ともいう喫茶休憩所）、寄合《よりあい》茶屋（出合茶屋・待合茶屋ともいう貸席）の二つの系統がある。

そして、そのとき、とくに料理茶屋の宴席に、踊子の座敷芸が加わってくるのである。そうなると、武士、町人が同じ場所で遊事に興じることにもなった。つまり、そこに酒池と花柳の世界が形成されていったのである。

町々にて娘又は女を抱へ置き、料理茶屋其《そ》の外茶見世等に客之《こ》れある節は差出し売女の稼ぎ為致候由《いたしそうろうよし》相聞、不届の至候、以来右体売女に紛敷《まぎらわしき》、渡世為致間敷候《いたすまじくそうろう》

（文政七年＝一八二四）

またもや幕府は、そうした「御定《おさだめ》」をもって風紀取り締まりをはかるものの、ときの流れはもはや止めることはできなかった。

遊廓と芸者

右の文書の行間からもうかがえるように、江戸の盛り場の一方に遊廓《ゆうかく》があった。遊廓は、もちろん吉原《よしわら》に代表される。吉原は、慶長一七（一六一二）年に、それまで麴《こうじ》町《まち》や鎌倉川岸《がし》、大橋内柳町《やなぎちょう》に散在していた傾城屋《けいせいや》（のちに女郎屋という）を移転してできた公許地である。

そこでは、もちろん遊女が主役であった。格式の高い遊女は、吉原では花魁《おいらん》とか太夫と呼ばれている。当初、吉原は大尽《だいじん》の遊び場として、それなりの格式や作法を育《はぐ》んでいったものである。つまり、遊びに手続きを必要とした。たぶん、それは、先進の遊里である京都島原あたりにならったものであろう。そうした時代、じかに登楼して遊女を呼ぶのは、野暮《やぼ》というものであった。

そこに、芸者が付随して登場する。遊里内に、遊女とは別に芸者がいたのである。そして、引手茶屋が存在していた。ちなみに、引手茶屋の呼称は、傾城屋に行く客の手を引くところからでたらしい。

たとえば、明治一五（一八八二）年の『吉原細見』をみても、そのことは明らかである。五八軒の傾城屋（遊女数約五〇〇人）とともに、本芸者約一〇〇人、小芸者約八〇人、茶屋三四軒の名前が記されている。したがって、そのころまでは、花魁と芸者が共存するのが吉原遊廓であった。

大尽の遊びは、まず茶屋に行って芸者をあげ飲食をすませ、手筈を整えてから傾城屋に向かった。あるいは、船宿で酒席を楽しんでから船を仕立てて吉原へ向かった。

もちろん、一般の町人にはそうした大尽遊びはしようにもできない現実の生活があった。そこで、江戸中期ごろから、吉原でもじかに客を呼ぶ女郎屋が一方で増えてゆく。そして、それにつれて、遊廓が安直な売色のみの場所となっていったのである。

市中の芸者

さて、市中における芸者も、酒席の流れによっては淫《いん》を売る者も多かった。

盃をさせばうなずく　ひきがたり　（『柳多留』）

また、次々に芸者と、芸者置屋の営業を禁じる令がだされている。そのなかでもっとも強硬な禁令が天保《てんぽう》年間（一八三〇―四四）のものであろうが、そのときの記録（「芸者営業禁止令」）には、取り締まり対象の女芸者一八〇人、とある。

ところが、ときの流れは、そうした一連の取り締まりをも緩和させることになった。

町女芸者与唱《ととなえ》親兄などの為無拠《よんどころなく》芸一ト通にて茶屋向へ被雇候儀者《は》格別、女を抱置芸者為致候儀は勿論《もちろん》、娘妹等にて候とも其家にて一人を限り可申

（嘉永元年＝一八四八）

つまり、芸妓を大勢抱える芸者置屋の営業は認められないものの、一家に一人の芸妓が芸道のために営業することが公認されたのである。なお、後続の文は省略したが、町々で名主が芸妓数を調べ奉行所に名主名で請書《うけしょ》を提出することで芸妓の営業が許可される、という内容が付記されている。

そうした経緯ののち、いちはやく評判を高めたのが深川芸者である。深川芸者は、別名辰巳《たつみ》芸者といわれた。これは、江戸城下にあって辰巳（東南）の端に深川があるからである。やがて、柳橋《やなぎばし》芸者や新橋芸者が、その名を高めてゆく。幕末のことであった。

図2-6　居酒屋
ちろりに酒を入れ、肴を手にしている
（「江戸職人歌合」国立国会図書館）

そして、幕末から明治期にかけて、以下のような花街（花柳界）が形成されていった。

赤坂、新橋、牛込《うしごめ》、葭町《よしちょう》、柳橋、下谷《したや》、駒込《こまごめ》、芝浦、新川《しんかわ》、根岸、神田《かんだ》、日本橋、新宿、新富町《しんとみちょう》、浅草、五反田《ごたんだ》、深川、四谷《よつや》、新橋南地、目黒、城東（亀戸《かめいど》）、渋谷《しぶや》、大塚、芝神明、白山《はくさん》、品川、湯島天神、向島《むこうじま》、吉原、九段など。

もういうまでもないことであるが、こうして花柳街が形成されてゆくにつれて、酒の消費量も増えていった。料理を食べるにも酒、芸者を口説くにも酒。花柳街は、大半の客にとってみれば、ハレの場。たとえれば、祭りと同等の場である。酒を飲むには、何らはばかることのない場所だったのである。

江戸っ子の大酒と薄目酒

灘の酒と樽廻船

江戸の町で飲まれた酒は、上方からの下りものであった。つまり、灘《なだ》地方（兵庫県）で造られた酒が、上方商人の手を経て帆船で運ばれたのである。

灘の酒を江戸へ運ぶのを専業としたのが、樽廻船《たるかいせん》である。その廻船の制度が整ったところで江戸の町人が飲酒になじむことができたのである。もとより関東平野では、酒を造るのに適した米と水は得られにくかった。大量の酒となれば、他からの供給に頼らざるをえなかったのである。それに、上方商人が目をつけて、灘の酒を江戸向けの商品に仕立てた、というのが正しい。

たとえば、幕末・明治期の醸造家であった山路家の文書（本城正徳「幕末・明治期における灘酒造業経営の一考察」『酒史研究3』に所収）をみると、天保一五（一八四四）年の江戸積清酒の売り上げが九九貫匁余りで、収入全体の約九五パーセントを占めていることがわかる。それが、明治になると地売り（関西での販売）が急増し、明治二〇（一八八七）

図2-7　酒売り（「人倫訓蒙図彙」）

年以降は、その割合が逆転してくるのである。灘の酒造業そのものが、江戸を絶対的な市場として、船運に便利な浜べりに発達したのである。そのあたりは、『守貞漫稿《もりさだまんこう》』にも記されている。

伊丹《いたみ》、池田、灘等より江戸に漕す酒を下り酒と云《いふ》、天保府名前下り酒の樽数大概八九十万樽、天保以来非官許の遊里を没し又市中も昌《さかん》ならざるが故に其費自ら減じ、今は四五十万樽或《あるい》は三四十万樽にて江戸中飲用に足る。又別に江戸近国近郷にて醸す物を地廻《じまわ》り酒とす。此数大略十万樽と聞く。

ところで、この樽数に注目しなくてはならない。水野越前守《えちぜんのかみ》による名高い天保改革（緊縮政策）までの下り酒が八〇―九〇万樽、それ以後が三〇―五〇万樽といっているのである。激減はしたが、いかにも多い。たとえば、平均して五〇万樽としても、四斗樽だと二〇万石となる。江戸の人口をごく大ざっぱに一〇

○万人と推測すると、単純計算で一人当たりの年間消費量が二斗である。一升瓶で二〇本平均、これは相当な量である。飲酒人口にかぎってみると、その一人当たりの消費量はもっと上がって一・五倍から二倍ほどになるだろう。

江戸は、男性人口がいびつなまでに多い社会であった。そこで、飲酒習慣、とくに外飲習慣の発達をみた。ということからすると、まだ日本全体の飲酒の大衆化までにはいたっていなかった、とことわっておかなくてはならないのである。

酒合戦と酒質・桝目

それに、灘の清酒とはいえ、当時の酒の質を問題としなくてはならない。そのことを考えさせる材料として、ときおり江戸の各所で催された酒合戦(酒くらべともいった)がある。

たとえば、大田南畝《なんぽ》(蜀山人《しょくさんじん》)の『後水鳥記』に記された千住《せんじゅ》の酒合戦である。ちなみに、「水鳥」とは酒という字を左右に分解したもので、一種の洒落《しゃれ》である。それは、文化一二(一八一五)年一〇月二一日、千住の宿屋業、中屋六右衛門が自らの還暦の祝いに開いた会で、もっぱら酒量を競うものであった。その宿の門には「不許㆔悪客(下戸理屈)入㆓庵門㆒」と書かれていた、という。すなわち、下戸と理屈はお断り、ということだが、これも洒落といえなくもない。

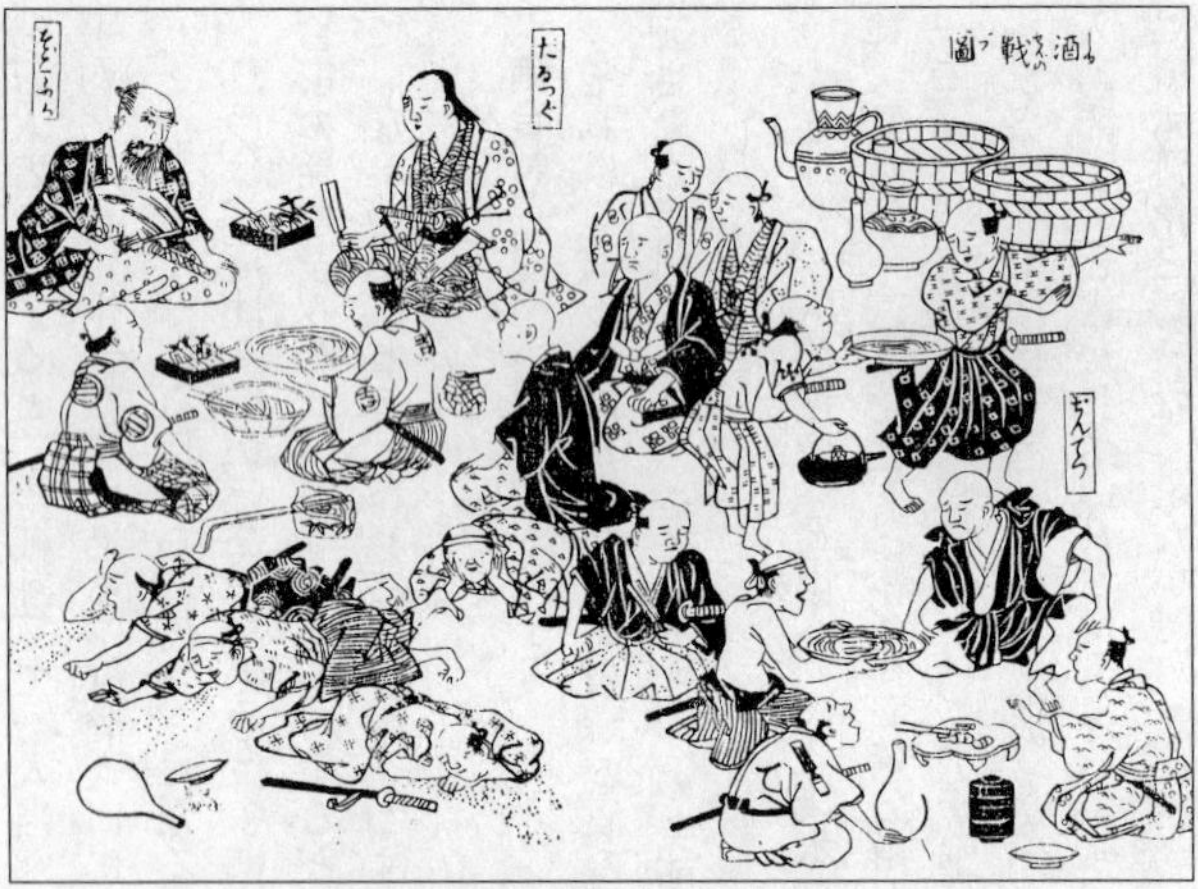

図2-8　大酒会
江戸ではこうした飲み比べが盛んであった（「近世奇跡考」）

参加者は約一〇〇名。まず玄関で酒量を問われ、それにしたがった切手を渡されて席についた、という。

そのさかづきは、江島盃、五合入　鎌倉盃、七合入　宮島盃、一升入　万寿無彊《まんじゆむきよう》盃、一升五合入　緑毛亀《りよくもうき》盃、二升五合入　丹頂鶴《たんちようづる》盃、三升入　をの〳〵その杯蒔絵《まきえ》なるべし、干肴は台にからすみ花塩さゞれ梅等なり、又ひとつの台に蟹《かに》と鶉《うずら》の焼鳥をもれり、羹《あつもの》は鯉のきりめ正しきに、はた子をそへたり。

五合入りから三升入りまで六種類の大盃が白木の台に並ぶ。蒔絵の大盃。肴としてからすみ・さざれ梅・焼鳥・鯉の羹（吸いもの）。肴は、選りすぐって少々、いかにも酒飲みの好みそうなものである。

玄慶といへる翁はよはひ六十二なりとかや、酒三升五合あまりをのみほして、坐《ざ》よりまかり通新町《とおりしんまち》の秋葉の堂に、ひとひ一睡して家にかへり、大長ときこえしは四升あまりを尽して、近きわたりに酔ふしけるが、次の朝辰《たつ》の時ばかりに起きて、又ひとり一升五合をかたむけて酔をとき、きのふの人々に一礼して家に帰りしとなむ。

以下も、次々と参加者たちの飲みっぷりが紹介されている。たとえば、農夫の市兵衛は、とうがらしを三つだけ肴にして万寿無彊盃を三回、合計四升五合をあけた。また、米屋の松勘という男は、江島盃、鎌倉盃、宮島盃、万寿無彊盃を各一回ずつあけ、合計三升七合を飲んだが少しも酔わなかった、といった具合である。

この会の進行は、各人が一杯飲みほすごとに柳町の芸妓《げいぎ》三人で注《つ》ぎ、それを見分役が見とどけ、記録係が記帳していくというやり方であった。そして、賓客たちは、その様子を、青竹で囲まれ緋毛氈《ひもうせん》の敷かれた客席から見物しているわけである。結局、この酒合戦では、野州小山の佐兵衛という男が緑毛亀盃三杯、すなわち七升五合を飲みほして優勝した、とある。

しかし、はたしてその量（桝目《ますめ》）をそのまま受けとってよいかどうか、おおいに疑問がある。

というのは、往々にして江戸時代の文献では、にわかには信じられないような数値がでてくるのである。たとえば、『甲子夜話《かつしやわ》』によると、安永五（一七七六）年の将軍家の日光社参の道中人数が二三万八三〇人、とある。いかに将軍家の威光を示すとはいえ、大名道中の規模で最たるものが加賀前田家の約二〇〇〇名であったということからすると、首をひねらざるをえない。俗にいうところの水増し数値とはいわないまでも、延人（日）数か一日の人数なのか明らかでない。

現在でも、販売部数や入場者数で、公称の数字と実際の数字の使いわけがしばしばなされているのは、知る人ぞ識る。数字は、しばしば都合よく操作もされるのである。

右の酒合戦の数値も、酒落半分の桝目としておいた方がよいのかもしれない。少なくとも、これをもって江戸っ子は大酒のみだった、というわけにはいかない。たまの席だから、つまりハレの日だからこそとことん飲み競ったのであり、記録にも残ったのである。酒合戦とはいうものの、その意味では、「祭りの酒は底つくまで」の飲み方とかわらない、と読みとるべきではあるまいか。

佐久島の水夫の話

それに、当時の酒の質であるが、現在の清酒のような濃度が保たれていたかどうか、だ。

といっても、それを証明する資料はない。が、佐久島《さくのしま》(愛知県)では、「江戸っ子は薄い酒を飲んでいた」という話が伝えられている。

佐久島は、三河湾に浮かぶ小島で、おもに女たちが畑仕事や磯漁を担当、男たちの水夫《かこ》稼ぎがさかんであった。そして、佐久島は、男たちの乗りこんだ帆船の風待ちや避難に、そして水の補給に重要な島であった(『一色町史』)。

上方から江戸への樽廻船は、上方商人が和歌山や伊勢白子《しろこ》の船問屋から帆船を借りて用いた例が多かった。上方商人そのものが船を所有する例は少なかった。そのうち伊勢白子の帆船には、佐久島の男たちが水夫として乗りこんでいたのである。

島の中央部に大きな井戸があり、大量の清水が湧きでていた。現在も、その跡が確認できる。そこで、島の古老たちが現在に語り継ぐ逸話があるのだ。

「佐久島の船頭たちには、余禄《よろく》があった。船に抜け荷はつきものだ。酒樽から酒を二割方抜く。抜いた分は、水でうめる。四樽か五樽で一樽余分ができるわけで、それが船頭たちの懐に入った。船に乗っているのは皆島の者だし、酒を抜く場所は地元だし、江戸で余分の樽をさばくのは島の出身者だし、島の人間の団結やおきてはしっかりしているから、バレることはないだろう。

この島では、江戸っ子は薄い酒を飲んでいた、といまでも陰口《かげぐち》をたたいている」

むろん、これも記録でたしかめるのはむずかしい。が、ありうるだろう逸話としておこう。

なお、現在も、東京湾や横浜港の港湾事業に携わっている佐久島出身者が多く、「佐久会」という郷友会組織も存在する。ひとつの職能集団を形成してきたわけで、それが水夫あがりの展開であったことは想像にかたくない。そして、東京の酒屋（小売店）には「三河屋」の看板を掲げるところが少なくない。それも、佐久島を含む三河出身の者たちが下り酒の流通に以前から携わっていたことの名残り、といえなくもないのである。

酒宴習俗の完成は明治期

「あるときの米の飯」

ここまで酒席・酒宴の歴史をひととおりみてきたが、なお慎重に考察しなくてはならない。

というのは、とくに江戸期における飲酒風俗の記事をみると、飲酒文化はここに極まり民衆こぞって酒宴を楽しんでいた、と誤認されるのではないか、という恐れがあるからである。たしかに、文字面からみると、江戸期の飲酒はかなり大衆化、日常化していた。

しかし、それは、あくまでも文字面だけのことなのである。とかく、文献というのは、上層社会の特殊なできごとについて記される傾向がある。民衆の日常茶飯事については、ほとんど記録が残ることがない。端的にいうと、庶民生活は、文字とは無縁なところに連綿と伝えられるものなのである。とくに、かつてはそうであった。

したがって、かぎられた文献資料だけに頼って全体を語ることには臆病《おくびょう》にならざるをえないのである。

先の千住の酒合戦についても、桝目半分としてもたいした酒量である。これも冷静に考えてみると、非日常的な行事であったからこそ記録に残された、とするのが妥当であろう。いくら何でも、あれだけの酒量を日常的に飲んだのでは体がもつはずがない。また、江戸市中で酒合戦が頻繁に行なわれたとすれば、折々に「倹約令」の類《たぐい》を発令している幕府が黙認するはずがない。

年に一度、あるいは何年かに一度の行事であるからこそ、そこに集まる人たちが痛飲できたのである。

「あるときの米の飯」というではないか。事実、各地の祭りの直会《なおらい》で、膳《ぜん》や椀《わん》に米飯を山盛りし、にぎやかに囃《はや》しながら食べつくす強飯式《ごうはんしき》とか大飯食《おおめしぐ》いの儀式が見られる。今日的な感覚からすると、奇祭ということになるが、かつて米飯がもっとも馳走《ちそう》とされていた時代には、それがいちばんの大盤振舞というものだった。

平常、それを食することが制限されていればこそ、あるときにだけ食べつくす、飲みつくす振舞が公認もされるのである。

という意味では、酒合戦などは特例中の特例というもので、むしろ江戸の町人社会の日常にはまだ飲酒習慣が広がってはいなかったことを逆説的に物語っている、といえるのである。

飲酒は特別なもの

江戸などの都市部においてさえ、酒は料理茶屋、あるいは居酒屋にでかけていってあらたまって飲むものであった。その外飲のかたちが発達するのも、江戸中期のことである。まして、地方の、とくに農山漁村では、日常的に酒を飲むことは、ほとんどありえないことであった。朝寝、朝酒、朝湯が大好きだった小原庄助さんが民謡にうたわれたのも、日常の飲酒の戒めを含んでのことであった。

先に、貧乏徳利の流通について述べたように、日本人全体でみると、日常的な飲酒習慣が広まったのは、つまり、酒を買って飲む習慣が広まったのは明治も中ごろのこと、とするのがよい。

先には、それは日清・日露戦争がひとつの契機となってのこと、とした。

むろん、戦争が唯一絶対の契機というものではない。諸々の文化現象は、いくつかの要因・副因があって生じるものに相違ない。

であれば、このことも相関する別な副因をあたっておかなくてはならない。

民俗学の父、民族学の父と双璧《そうへき》にたたえられる柳田国男と渋沢敬三が、いみじくも明治期の飲酒習俗の全国的な広がりについて述べている。それが、一方の傍証資料になるであろう。

酒はわれわれの世に入つてから、たしかに其《その》用途が弘《ひろ》くなつて来た。以前もなくてはならぬものだといふことは、飲まぬ人にも認められて居たけれども、その趣意はいつの間にか変つて居るのである。町が酒飲みを多くしたのと、理由は大体同じものであつた。手短かにいふならば知らぬ人に逢《あ》ふ機会、それも晴がましい心構へを以て、近付きになるべき場合が急に増加して、得たり賢しとこの古くからの方式を利用し始めたのである。

（柳田国男『明治大正史　世相篇』）

もともと一般の人たちが集ってする会食は、祭礼か家の吉凶時に限られたといってよく、官公務の生活をもった武家・公家にはこの外に、主従関係による五節句などの儀礼や接客、公用に関する会食の機会があったが、多くは儀容をととのえ、大盃のやりとりに厳重な酒礼を伴うものであり、くつろいだ会食の楽しみを味わうようなものではなかった。明治は郷党・親族の狭い範囲にかぎらず、広く未知の人々が交流結合して、ともに新しい事業を起こし、またそれを発展せしめた時であり、人々はその親《しん》睦《ぼく》のためにしきりに宴会を催し始めた。官庁・軍隊・学校・会社等の内部の親睦・慰労・歓送会から、事業関係の外部との顔つなぎや県人会・同窓会などに至るまで、集る機会はふえる一方であった。

（渋沢敬三編『明治文化史　生活』）

宴会の風潮をもたらした文明開化

このように、明治中期になると、祭礼や節供、冠婚葬祭などのハレの日以外にも、宴会が増えてきたのである。

その先鞭《せんべん》をつけた最たるものに、明治一六（一八八三）年に東京日比谷《ひびや》にできた鹿鳴館《ろくめいかん》と、その翌年にできた東京倶楽部《クラブ》などでの欧米風の大宴会がある。今日でいうパーティーだが、その規模はとてつもなく大きかった。たとえば、明治二一年の天長節祝賀宴には一〇〇〇人以上もの人が会した（『東京日日新聞』）、とある。

文明開化のその時代においては、そうした現象は上流階級の特例だけにはとどまらなかった。もちろん、西欧式のパーティーがそのまま津々浦々にまで受け入れられたわけではなかったが、そうした風潮は、やがて東京の区会から地方の町村会の単位にまで及んでいくのである。明治政府の中央集権型の国家体制は、交通や通信の発達もあって、中央と地方の交流をより頻繁にするものであった。そうしたなかでの大小の宴会には酒がつきもので、それがため下々まで酒の献酬をさかんにするようになった。

その場合の酒肴《しゅこう》には、それまで京や江戸、大坂（阪）を中心に育《はぐく》まれてきた料理や歌舞がより享楽的に織りこまれたことはいうをまたない。端的にいうならば、座敷で芸者をあげてのドンチャンさわぎが横行するようになったのである。

むしろ、公的なパーティーはそれとして、各地での宴会は、それまで伝えられてきた無礼講をより増長させることになった、といってよかろう。

かつてルイス・フロイスが著わした『日欧文化比較』のなかから、日本人の酒宴習俗に関係して興味深いものを要約してとりあげると、以下の三項がある。

○われわれの間では誰も自分の欲する以上に酒を飲まず、人からしつこくすすめられることもない。日本では非常にしつこくすすめ合うので、あるものは嘔吐《おうと》し、また他のものは酔払う。

○われわれの間ではスープや魚や肉の椀《わん》で酒を飲むことは、吐気を催すほどいやなこととされている。日本では汁合器（xiru gogi）を空《あ》けてそれで酒を飲むのはごく普通のことになっている。

○われわれは食卓についている時に、談話はするけれども唄《うた》ったり踊ったりはしない。日本人は食事の終りまでほとんど話をしない。しかし煖《あたた》まってくると唄ったり踊ったりする。

ルイス・フロイスが来日したのは、一六世紀の後半（桃山時代）のことで、織田信長から京都居住を許されている。したがって、その当時から、こうした酒宴の形式があったということになる。すでに、酒肴に今日に相通じる会席料理が登場し、酒の座が長くなってきた、と想定できる時代ではある。しかし、庶民社会へその種の酒宴の浸透があったかどうか。ルイス・フロイスはおもに武家や公家と接しており、庶民社会の観察にはうとい傾向をもっていた。多少割引いてみなくてはならないが、しかし、右の三項は日本人論のはしりとしてかなり的確である。たとえば、カラオケが普及する以前の酒席を数多く経験した人であれば、納得なさるに違いない指摘であろう。江戸期の茶屋遊びにも共通するが、大勢としては、それが明治期になって日本人全体の酒宴習俗として広くたしかめられるようになった。と、いうべきではあるまいか。

三　人と酒——醸造と保存の技術

酒造りの工夫と苦労

能登の小酒造所

この四、五年、私は、旅先で時間的な余裕があれば、何をさておいても酒造所（酒蔵）を訪ねるのが、ほぼ習慣化している。

昨年（平成元年）の二月のことであった。あるイベントの講師に呼ばれて、私は、能登の穴水（石川県鳳珠《ほうす》郡穴水町）に行った。穴水は、内海（七尾湾）に面した町で魚介類がことのほか豊かなところである。近年はすっかりさびれた感があるが、かつて帆船が物資の運搬に重大な役目を担っていたころ（おもに近世）、北前船《きたまえぶね》の中継港としてもにぎわっていた。湾に沿って、往時はさぞかし明媚《めいび》であっただろう旧街区が、人影もなくひっそりとたたずんでいた。

「菊盛」の酒造所（村田酒造）は、そのなかにあった。

表向きには他の町家とほとんどかわらないたたずまいであるから、軒に吊りさげられている杉玉を見すごすと、そこが酒屋だとは気づかないままに通りすぎてしまう。

実際、零細な経営規模で、酒蔵も小さく粗末であった。私が知るかぎり、日本中でいちばんオンボロの酒蔵である。戸はたてつけが悪いし、窓ガラスは割れているし（一応紙で目張りがしてあるが）、隙間風は防ぎようがない。空調、冷暖房などの近代設備は皆無に等しい。いつ閉鎖しても不思議でない酒蔵であった（事実、残念なことに、その蔵での今年の仕込みは行なわれなかった）。

私は、そういう酒蔵を見ると、胸が熱くなる。ただの同情からではない。それほどまでに不備な施設のなかで、なお連綿と酒造りを行なっている人びとのたゆまぬ努力を想《おも》うと、頭がさがるのである。やせ地にしがみついて、なお農作物の豊穣《ほうじょう》を信じて働く農夫に感動を覚えるのと同様にである。

ここは杜氏《とうじ》がひとり、蔵人《くらびと》もひとりであった。

ほかに日雇いの雑役夫がひとりいるそうだが、実質的には二人で酒造りをしている。その意味でも、相当に過酷な労働条件、と思えた。規模が小さく、その上しかるべき機械を導入して合理化している酒造所でも、杜氏以下、最低三人の職人はいる。つまり、酒造りチームの最少単位は三人なのである。

私が訪ねたのは、午後三時前後であったが、そのとき杜氏の岩前さんも蔵人の三浦さんも就寝中であった。あわてて起きてセーターを着て、ズボンをはく。部屋は蔵の一部を仕切ってつくられているのだが、障子が破れているので、外からそのようすが見えるのである。

「夜に寝られるとはかぎりませんからね、ちょっとでも暇があると寝ておかないと……」

と、岩前さんはてれ笑いをしながらズボンのベルトをしぼりあげた。

聞けば、前夜は冷えこみが強かったので、土間で炭火をおこし、仕込み樽《だる》に布団を巻いて定温の維持にやっきになっていた、という。反対に、暖冬で室温があがりすぎると、仕込み樽に雪を抱かせたり（雪や氷で樽の下部を冷やす）、風をあてたりしなくてはならない。

仕込みの適温は、一〇度前後。プラスマイナス五度以上の差が生じると、何らかの対策を講じなくてはならない、という。かつては、どの蔵でもこうして人力による必死の、定温維持の作業が行なわれていたのである。

酒造りは、過酷な労働である。醸造期間中は、厳密にいうと一日の休みもない。しかも、不眠不休の日すらもあるのだ。

能登杜氏岩前さんの話

「酒は、生きものですからね。子どもや動物を育てるのと同じじゃあないですか。人間が愛情をもって手をかけてやれば、それなりのできばえになるはずです。

酒と動物のちがいは、酒は寝とる時間がないから、たえずグツグツと発酵しとるから、こちらも気が休まるところがないわけで、まあ難儀な仕事といえばそうなるでしょうね。

とくに、こうした昔風の蔵では、働く人がいなくなるでしょう。現実に、この能登でも、杜氏は高齢化の一方で、私がいま六五（歳）ですが、まだこれでも若い方ですからね。

私らは、この仕事が好きでやっとるからいいんだが、賃金もいまの世の中ではいいとはいえませんからね。杜氏の日当で一万二〇〇〇円から一万五〇〇〇円ほど、蔵人だと九〇〇〇円から一万円までだね。大工とか左官とか他の職人と比べてもらったって、どの程度かはわかるでしょう。正月も、一日も家に帰れないんですからね。好きでなきゃあできませんし、いまの若い人に耐えろといっても無理でしょうね。私の息子も、しませんよ。そのうち、大企業の酒蔵しか残らなくなるかもしれませんね。

昔、ですか。昔は、よかったですよ。私が蔵に入ったのは、昭和一七（一九四二）年のことですが、そのころひと冬で五〇〇円もらったのを覚えています。二〇〇〇円ほどあったら家が建ったころですからね、小僧の賃金としたらすごくいいですよ。オヤッサン（杜氏）なら、倍はもらっていたでしょう。一〇〇〇石の親爺《おやじ》をすればひと冬で家が建つ、といっていましたからねえ。

能登は杜氏稼ぎがさかんなところでしてね、私らが若いころは、誰々のオヤッサンについて稼ぎに出るといったら、むらでは鼻高々でしたよ。稲の収穫がすんで、一一月の終わりごろですが、オヤッサン以下六人とか八人とかがむらから旅だつ、それを杜氏道中といいましてね、そりゃあ勇ましいものでしたよ」

もっとも、こうした話は、岩前さんだけにかぎらず老杜氏たちが一様に口にする話である。杜氏の数は、かならずしも明確でないが、日本酒造組合中央会、清酒製造退職金共済組合の調査データによると、昭和三八（一九六三）年に全国で蔵数が約四〇〇〇、杜氏・蔵人の人数が約四万人、それが昭和五五（一九八〇）年には蔵数が約二七〇〇、杜氏・蔵人数が約二万人である。つまり、昭和三〇年代から五〇年代にかけて約二〇年間で半減したのである。現在は、もっと数が少なくなっているであろう。旧来どおりの基準での、つまり熟練をした職人という意味での杜氏・蔵人は、一万人を切っている、という。

それは、そうした労働条件のほかに、一方で洋酒の普及にともなう市場競合がはじまったせいでもある。たとえば、国税庁の調査データによると酒類の消費量は、清酒が昭和五〇（一九七五）年の一七四万七〇〇〇キロリットルをピークに昭和六〇（一九八五）年まで下降の一途をたどりじり貧状態にあるのに対し（昭和六〇年が一三五万五〇〇〇キロリットル）、ビールは昭和四〇（一九六五）年には一九八万六〇〇〇キロリットルだったのが昭和六〇年には四八六万一〇〇〇キロリットルと大幅に増えており、ウィスキー類は昭和四〇年には六万六〇〇〇キロリットルだったのが、昭和六〇年には二九万九〇〇〇キロリットルにもなっているのだ。現在、清酒と洋酒の消費比率は、だいたい一対五である。

このことは、ひとり酒造業界の問題にとどまらず、戦後急速に進められた日本人の生活様式の変化変遷に相関することでもあろう。時代の趨勢《すうせい》といえば、それまでである。しかし、それにもかかわらず各地の酒造所で真剣に酒造りに励む人たちがまだ大勢いる。その人たちにあらためて注目して、ここまで精緻《せいち》に発達した日本独自の酒造技術と日本列島の風土に適応したその香味を再評価したい。

生きものである酒

「酒は生きもの、といいましたが、それだから機嫌をそこねると手なずけるのがむずかしい。麹菌《こうじきん》、酛《もと》（酵母）、火落ち菌（腐敗菌）……、どれも生きた菌でしょう。それをうまいこと手なずけて利用すると、酒ができるんです。ですが、菌は目に見えない状態で生きているんだから、これを手なずけるのはむずかしいことです。もちろん、これまで代々の杜氏たちがやってきたことだから、経験とか勘を積めばそう苦労せんでも手なずけることはできます。また、最近は化学（醸造化学）が発達しとるから、安定した発酵をはかる方法がわかってはきとるのです。昔のように、火落ち菌が繁殖して樽（酒）が腐るようなことは、そう心配はしなくていいです。

暑さ寒さの調整だけじゃあないですよ、麹室《こうじむろ》には室の癖があるし、樽には樽の癖があるから、そこまでうまいこと利用しようとすると、酒造りの奥は深いもんです。私らは自慢できるほどの技術はありませんが、昔の杜氏は偉かった、と思いますよ。温度計さえ使わず、自分の勘で処理していったんだから……。その勘がうっかりまちがったら、酒屋はいっぺんで倒産ですから。

いまでも、われわれ杜氏は、春になって蔵元にいとまごいをするとき、ご縁がありましたら……、と挨拶《あいさつ》をするのです。いくらうまく酒を造ったつもりでも、何かの拍子で梅雨どきに火落ち菌が繁殖して夏が越せないとなると蔵元に大損を負わすことになるわけでしょう。

結果次第、あとは運を天にまかすしかないわけで、次の冬にまた仕事に来てくれといわれるかどうかわからんわけです。金にもなったが厳しい世界だったんですよ、昔の杜氏の世界は……」

その冬、岩前さんがはじめて仕込んでみたという吟醸酒（精米度を高め、米の芯《しん》の部分を使った高級酒）を、すすめられるままに飲んでみた。

一〇樽（四石樽）のうち三樽分に仕込んでみたのだ、というその吟醸酒を、海風が吹きこんでくる殺風景な試験室で、半合入りの大ぶりな試飲碗《しいんわん》で飲んだ。

香りは、いわゆる吟醸香で、それが素直すぎるほどに強い。喉《のど》ごしは、きれる、が重い。あとは酔い心地、酔いざめ心地が問題である。しかし、岩前さんの顔にきざまれた深い皺《しわ》を見ると、結構ですね、というしかなかった。

私は、そこで六本の酒を買って帰った。そして、帰ってからさらに注文を追加した。しかし、結局はさばききれなく、自分でも飲みきれなくて一本を二か月以上置きっ放しにしてしまったのだが、それから開封して飲もうとしたら、もう明らかなひね香が感じられた。

たしかに、酒は生きものなのだ。

夏の米づくり、冬の酒造り

杜氏と蔵人

ここまで、とくべつに説明を加えることなく杜氏《とうじ》・蔵人《くらびと》という言葉を用いてきた。もちろん、杜氏や蔵人があってはじめて酒が醸造できるのである。杜氏も蔵人も酒造りの職人である。そこで、ここでは、あらためて杜氏と蔵人たちの働きを追ってみよう。

日本の気候は、通年醸造に適さない。とくに、夏期の高温多湿は、酒を異常に発酵させることになる。そこで、酒造りが専業化するにつれて、冬期の酒造り（寒造り）が定着した。そして、そのころから、酒造りは、おもに雪国の農山村の男たちによる冬の出稼ぎとして行なわれるようになった。つまり、それは、酒造所側の冬期間のみの求人と、農山村側の農閑期のみの求職とが一致した結果であった。もちろん、農山村からの出稼ぎの職種は他にも種々あったが、前述もしたように酒造りは特殊な技術を要するがために、あるいは不眠不休の労働も強いられるがために、高収入につながることにもなった。そこで、彼らは地域ごとに集団化してある種の利権を保持するようになったのである。

毎年一一月ごろから翌年の三月にかけての約一〇〇日間、降雪の続く農山村から酒造地へ出向く男たち。一般的に小さな酒屋で五人前後、大きなところで十数人の集団で酒蔵に入った彼らは、それぞれに役目を分担して酒造りに励むことになる。

その集団の長が杜氏である。杜氏という名称の由来については、中国古代の酒造りの名人、杜康《とこう》という人の名からでたとか、かつて一家の主婦の尊称であった刀自《とじ》（古代は主婦が各家庭で造る酒を管理し、その酒壺《さかつぼ》を大小により大刀自、小刀自などと呼んでいたという）に由来するとか、いくつかの説があるが、その真偽のほどは定かではない。

杜氏のもとで働く各人を総じて蔵人、という。蔵人の職階は、またさまざまある。まず、杜氏のすぐ下に頭役《かしらやく》という補佐役、その下に麹師《こうじや》（麹造り役）と酛廻り《もとまわ》（酛造り役）がいる。さらにその下が二番頭（酒造器具一切の管理役）、船頭《せんどう》（酒槽に関する責任者）、そして釜屋《かまや》（蒸米係）、室子《むろこ》（麹室で働く人）、酛手子《もとてこ》（酛造りの手伝い）、と続く。ここまでが役《やく》人《びと》といわれ、その下に追廻し《おいまわ》、あるいは下働きと呼ばれる雑役係がつく。こうした職階は、経験年数とその得意技術によって決められるものである。また、小人数で編成する場合は、当然ひとりが何役も兼ねることにもなる。

もちろん、長である杜氏の権限は、醸造の成否が次年の雇用にも関係するだけに、非常に強いものがある。その意味では、ちょうど船長や機長に似ている。

杜氏は、蔵人のあいだでは、親爺《おやじ》さん、あるいは親方さん、と呼ばれる。それは、技術的な熟練はもとより、人間的にも全幅の信頼をおいてこその呼び名であっただろう。

杜氏の条件

杜氏になるためには、まず酒造り全般についての知識と実技に通じていなければならない。とくに、酒造りが今日のように科学的に解明されていなかった時代には、蔵人は、杜氏のすることを見ながら、それを肌で感じとって覚えてゆくしかなかったのである。さらに、酒はひとりの技で造りあげられるものではなく、蔵人の手分け作業によってなされるものである。したがって、その蔵人を編成し統率してゆく杜氏には、その技術に加えて人望の厚さも要求されたのだ。

また、酒は、杜氏しだいではあるが、職人気質のままに造るわけにはゆかない。酒屋にとっては商品であり、藩や国の重要な財源でもあったため、どれだけの米からどれだけの酒と酒粕《さけかす》ができたかということを克明に記帳しておかねばならず、それも杜氏の仕事であった。そのため、杜氏は、読み書き算盤《そろばん》にも長《た》けていなければならなかったのである。昔は、どうもこの部分が、多くの杜氏のもっとも苦手とするところであったらしい。

そうした重責を担う杜氏であったから、その報酬も蔵人とは格段の差があった。たとえば、江戸時代以降、杜氏の給料は日給ではなく、一酒造期いくらということで請け負っていた。これに対して蔵人は、頭役以下すべて日給制であった。

もちろん、近年は杜氏と蔵人のあいだに賃金の格差はさほどにない、ということは前にも述べた。だが、かつては、「一〇〇〇石酒屋の杜氏をひと冬したら家が建つ」といわれるほどに杜氏の報酬は大きかった。

蔵入りする前の杜氏の大きな仕事は、蔵人たちの編成であった。稀《まれ》には、前任杜氏時代の蔵人が加わることもあったが、ほとんどの場合、蔵人の選定は、その杜氏の出身地を中心とした親戚《しんせき》・縁者などの人間関係を頼ってなされたものである。その結果、杜氏・蔵人集団は、一定の地域内において形成される傾向にあった。そして、その地域名が杜氏の上に冠せられて、たとえば丹波杜氏とか越後杜氏、南部杜氏などという呼称が生まれたのである。

もっとも、時代により、その呼称に変化がみられる。

たとえば、越後杜氏の場合、現在は新潟県下の杜氏すべての呼称となっているが、かつては郡単位に三島《さんとう》杜氏・刈羽《かりわ》杜氏・頸城《くびき》杜氏に三分され、さらに三島杜氏のなかに野積《のづみ》杜氏・来迎寺《らいこうじ》杜氏などといったような集落単位の呼称もあった。いまでも新潟県下の酒造地にかぎっては、そうしたかつての呼称が通じるようである。

現存の杜氏集団

現存する主だった杜氏集団をあげると、南部杜氏（岩手県）・山内《さんない》杜氏（秋田県）・越後杜氏（新潟県）・能登杜氏（石川県）・丹波杜氏（兵庫県）・但馬《たじま》杜氏（兵庫県）・備中《びっちゅう》杜氏（岡山県）・安芸《あき》杜氏（広島県）・越智《おち》杜氏（愛媛県）などがある。交通機関の発達した今日では、その勤務地も全国的な広がりをみせている。しかし、かつては、ほとんどが近まわりの酒造地に系列化されていた。

たとえば、三大杜氏集団に数えられる越後杜氏・南部杜氏・丹波杜氏に例をとると、越後杜氏の場合、明治中期ごろまではほとんどが上州（群馬県）にでていた。そのため越後では、酒造りの出稼ぎのことを「上州行き」と呼んでいたほどである。

また、南部杜氏も、やはり明治中期までは、北は青森県、南は宮城県までにかぎられていた。とくに、仙台方面には酒蔵が多く、「仙台稼ぎ」といわれるほど恰好《かっこう》の出稼ぎ先となっていた。

丹波杜氏の出稼ぎ先は、もともとは池田（大坂）・伊丹《いたみ》・灘《なだ》地方（兵庫県）であった。もとより、そこは大坂（阪）という大消費地をひかえ古くから酒造業のさかんなところであった。さらに、灘では江戸への廻船《かいせん》が発達した江戸期には企業化が進み、丹波杜氏は地の利を得て、組織を拡大して労働力を供給することになったのである。

しかし、今日では、その勤務地は広域にわたっている。越後杜氏は、南は長崎県から北は北海道まで各県に散在しており、とくに新潟と関東一円の酒蔵は、ほとんどが越後杜氏で占められている、といってよい。ちなみに、谷亀利一編『日本の名酒蔵・名杜氏百選』

によれば、関東・甲信越の三三社の酒蔵で働く杜氏の内訳は、越後杜氏二二人（組）、南部杜氏六人、諏訪《すわ》杜氏三人、山内杜氏・佐久杜氏各一名、となっている。

南部杜氏も、東北一円から関東・中部、北海道におよび、昨今は中国・九州方面への進出もみられるようになった。また、丹波杜氏は、兵庫県を中心に近畿一円、さらに関東・信越・四国・九州と、ほぼ日本全国に分布をみているのである。

前述もしたように、杜氏の絶対数は、この二〇年来減少の一途をたどっている。が、それをよく分析してみると、これも経済原則にのっとったかたちで、名の通った大きな杜氏集団が活躍の場を広げ、その結果、弱小集団がくわれていったのである。

各地の杜氏集団には、いうまでもなくそれぞれの起源と歴史が異なるように、その醸造技術にも若干のちがいがある。いや、厳密には、あった、というべきであろう。それは、その土地の気候や原料（米と水）、飲食習慣、また市場の嗜好《しこう》傾向などによって異なっていたのである。

しかし、今日では、化学的な醸造技術の進歩があり、醸造試験所などの指導もあり、全国的に平均化が進んだ結果、かつてのように杜氏ごとに顕著な特色のある酒造りがみられなくなっている。ただ、それでも、たとえば酒母造りを得意とするところ、麹造りを得意とするところの別は依然として残り、それによって辛口の酒ができたり甘口の酒ができたりするわけである。また、濃味か淡味か、さらにきれ味という点でも杜氏群ごとに微妙なちがいが生じてくる、といわれる。

たとえば、巷間《こうかん》、南部杜氏系の酒は濃厚で甘口、越後杜氏系の酒は淡麗で辛口である、などといわれる。かつて、そうした傾向がみられたことは事実である。しかし、それはあくまで傾向であって、絶対的な差異とはいえないところがある、ということにも留意しなくてはならない。

酒の甘辛、濃淡は、もとより料理の味つけほどに差があるものではない。それに、酒は味覚だけで評価されるものでもなく、香りや喉《のど》ごしも評価の対象となるはずである。さらに酔い心地や酔いざめの具合までいえば、口ざわりの感覚だけで簡単に評価を下すべきではあるまい。酒の甘辛、濃淡は、とりあえずの目安にしかすぎないのである。

私の親しい杜氏のひとりに、備中杜氏の馬塚義雄さん（六七歳）がいる。馬塚さんは、蔵働き五〇年のキャリアをもっている。そのキャリアから、次のように語るのである。

「酒造りばかりは、何年やってみても、また醸造化学の先生方から理屈を何回教えてもらっても、わからんところが多いんです。

でも、まあ、一般的にはこういうことがいえます。酒には、米と水と、それから麹《こうじ》と酛《もと》（酒母）が必要でしょう。このごろは、総原料に対して麹が二〇パーセント、酛が七パーセント（残りが米と水）、の割合が一般的です。それだと、まあ、薄目できれいな酒ができるわけです。辛口、甘口は、また別な問題ですが、淡麗辛口というのがこのごろの流行になっていますから。

酒屋の旦那《だんな》が、淡麗辛口な酒を造ってくれといえば、私らは、それにしたがわなきゃあなりません。それが、麹二〇パーセント、酛七パーセントという割合になるわけで、いまは日本中がそんな線で動いているでしょう。いくら杜氏の好みや腕があるからといっても、ご時勢と旦那には逆らえないですよ。

私に言わせますとね、いま流行の淡麗辛口の酒といえば、中途半端でものたりないんです。フルーティーというんですか、ワインにあわせてそれがもてはやされるんでしょうが、清酒の清酒らしさは失われているように思います。わかりやすくひとことでいってしまえば、麹や酛の混入の割合が少な目、それを醸成しきれないところで、仕込んでから二〇日ほどでしぼると、淡麗辛口の酒になるわけです。

まして吟醸酒となると、このごろはまた吟醸酒が多いでしょう、吟醸酒は精米段階でよく搗《つ》いて米の芯《しん》の部分だけ使うわけですから、雑味雑臭のほとんど感じられないきれいな酒ができます。淡麗辛口の吟醸酒なら、それは、口あたりはいいでしょう。

でも、私らは、満足できるもんじゃあない。造りはしますが、何だか体裁を整えただけで魂を入れていないような気がします。清酒はこんなものじゃあない、といいたくなるんです。昔がよかったとはいいませんが、私らの若いころは、たとえば麹を二五パーセントから三〇パーセントも入れていた。そうすると、それだけ強く糖化が進むでしょう。それに酛を適量加えますと、アルコール化も強く進むわけです。三〇日もそれ以上もかけてじっくり醸成させると、当然甘口でコクがありアルコール度の高い酒ができるわけです。濃厚甘口が備中の酒の特徴でしたし、私らもそう造ることを教えられてきたわけです。

アルコール度二〇パーセントが目標でした。二〇パーセント以下だと安全性が劣ります。つまり、腐りやすくなって保存がむずかしくなるし、二〇パーセント以上だと置いているうちに蒸発して欠損率が高くなるし、二〇パーセントが両面でゆずれない原酒のアルコール度だったんです。もちろん、昔風なやり方なんですが、日本の気候のなかで自然流に酒を造るということは、原酒アルコール度二〇パーセント、ということは濃厚甘口の酒が道理というものでしょう。それを水で薄めたり、火入れをしたりして飲みやすいかたちに調整していましたんです。

そうです、いまは、最初から口あたり、飲みやすさだけを計算してつくるわけで、まあ、それはそれでよろしいんですが、試験管酒母に頼り、冷暖房装置に頼り冷蔵庫に頼り、ワインを横目でにらみながら造っているんです。酒造りも、かわりました」

醸造業界の体質について、とかく批判的な意見を耳にすることが多い。右の馬塚さんは、温厚な老杜氏で他人の悪口など一切口にするような人ではない。が、ワインに迎合するような酒の造り方には懐疑的で、そのことについてはつい口調が激しくなってくる。そのとき、同席していた麹方の加賀章夫さんは、戦中・戦後の食糧難の時代に造れば売れるということに甘んじて良質の酒を造る努力を怠った醸造業界は衰退するのが当然だ、とまで断言するのである。

しかし、酒は、所詮《しょせん》は嗜好品なのである。つまり、銘々は、それぞれの標準をもって、うまいと信じる酒を飲めばよいのではないか。それしかない。嗜好品というのは、つくり手と味わう人との標準値がかならずしも合致するとはかぎらないのだ。

米と水、麹と酛

酒と水

ここで、ごく一般的な酒造りの工程を紹介しておかなくてはならない。醸造界で通例化している作業工程は、別表のとおりであるが、ここでは、蔵人《くらびと》たちの分担作業ごとに紹介しておこう。むろん、これも一般例にすぎず、蔵が大きければ蔵人も多く、したがって作業も細分化されるし、蔵が小さければその逆で、一人が何役も兼ねなくてはならない。

周知のように、酒造りには多量の水と米が用いられる。

とくに、名酒はよい水から生まれる、といわれるように、古来、良質の水を確保することが、酒造りの必須条件であった。

酒造りに適した水は、科学的に分析すると、カリウム、リン、クロームなどの硬度成分が豊富で、鉄分の少ない水、ということになる。カリウムやリンは、酵母の発酵を助ける有効成分であるが、鉄分は、酒の着色を早め香気をそこなわせる有害成分である。

酒水《さかみず》は、一般の飲料水に比べると、厚生労働省の水質基準が数段厳しい。むろん、水道

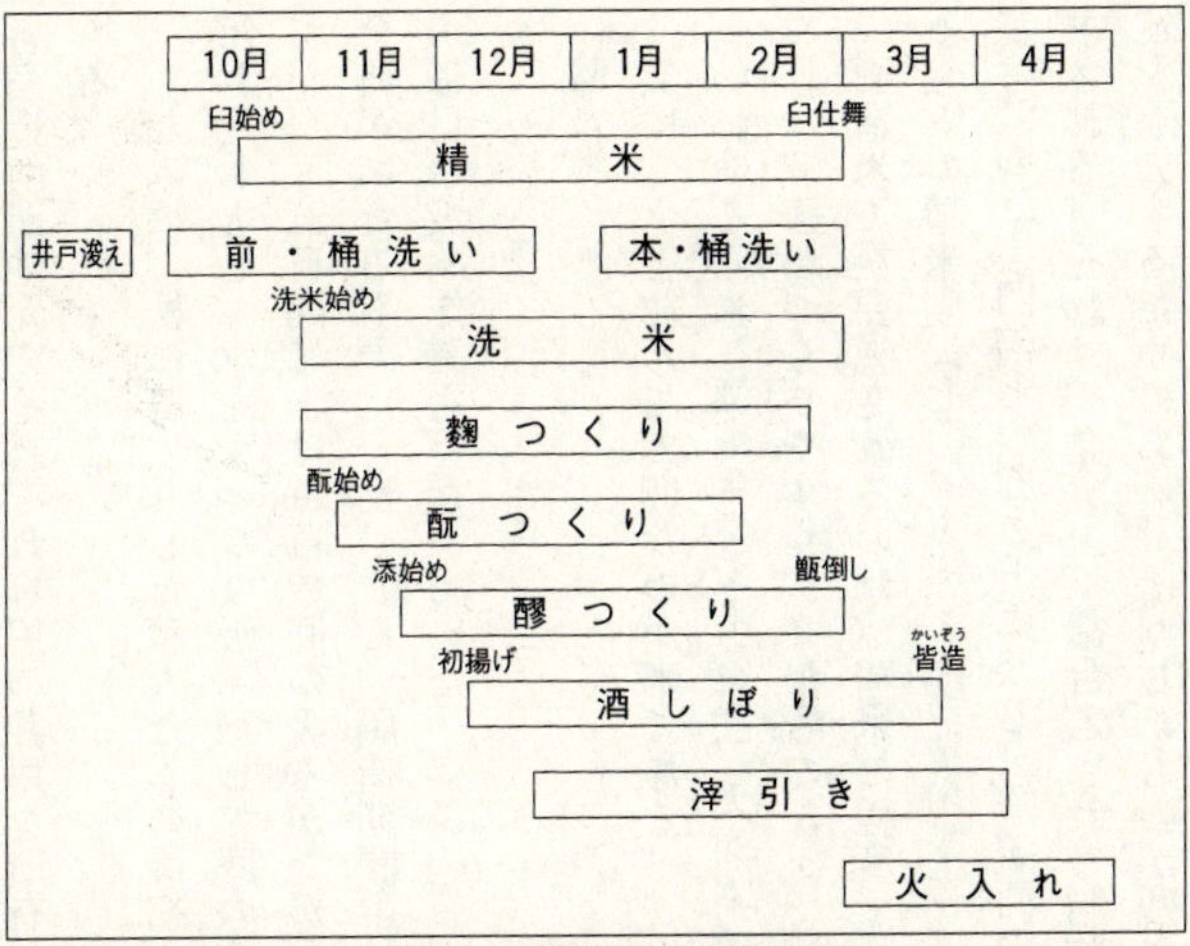

図3-1　酒造り作業工程表

水は使えない。

たとえば、清酒最大の産地である灘《なだ》(兵庫県)の醸造用水は、宮水《みやみず》と呼ばれ(西宮の戎《えびす》神社の前の井戸から汲みあげられたことからこの名がついた、という)、名水の誉《ほまれ》高く、近年ミネラルウォーターの代名詞ともなった六甲山系の硬水である。ただ、現実には、山陽新幹線や山陽自動車道のトンネル工事が影響して水脈が分断され、灘では入手しにくくなっている、という。

今日では、こうした宮水に類する水を人工的につくりあげることも可能であるが、かつて良水に恵まれないところでは、わざわざ宮水を運んで用いていた例も多い。遠くは長崎県や福島県までも運ばれていた、という。しかし、一般的には、各酒造所が地元でそれぞれ専用の井戸を所有しており、そこで汲みあげた地下水を使っている。

ちなみに、秋に蔵入りした蔵人たちの最初の仕事は、井戸浚《いどさら》えであった。まず、井戸の汚れをおとし、水をすっかり汲みだして底のぐり石まで丹念に洗う。新鮮な湧き水になってからも三日間ほどは毎日数回の汲みかえが行なわれた。これは、仕事はじめとして蔵人全員があたるものだった。また、醸造期間中は、水屋と呼ばれる水汲み専用の地元の雇人が毎日水汲み作業を行なっていた。

酒と米

次に、水と並んで大切なのが米である。

いわゆる酒米《さかまい》（酒造米）であるが、大つぶで心白《しんぱく》があり軟質のものがよいとされている。これは、麹がつくりやすく、また醪《もろみ》のなかで溶けやすいからである。

酒造米で重要視されるのは、精米の程度である。一般市販酒の場合でだいたい三〇パーセントの精米度（七〇パーセントの精米歩合）であるから、食用米（九二パーセントの精米歩合）の三—四倍ということになる。吟醸酒の場合は、四〇パーセント以上の精米度が要求される。それは、発酵上不都合とされる脂肪酸や、表皮の部分に多く含まれている蛋白《たんぱく》質《しつ》を除去するためである。そうしたものが残されていると、酒母や醪のなかで酵母の増殖を不規則に高めるもとになり、糖化のバランスがくずれて、原料米のもっている澱粉《でんぷん》の消化が不完全になる。その結果、酒に雑味が生じてしまうのである。

そこで、まずは精米作業が大切となるわけだ。

精米は、明治中期までは、手搗臼《てつきうす》、足踏臼、水車臼などの杵搗式《きねつきしき》であったが、昭和初期に竪型式《たてがたしき》の精米機が導入され、高精白が可能になった。かつては、精米作業に何人かがかかりきりになったものであるが、機械化によって一人夫か二人夫ですむようになった。酒造過程のなかで、一般的にもっとも早く合理化できたのがこの精米作業である。

精米は、二〇回ほどくりかえされ、やっと完了する。その間、約一〇時間。精米された米つぶは、ほぼ原形を保っているとはいえ、食用米に比べるとやせ細り、ずっと小型になっている。なお、その精米歩合により、醸造過程でフルーティーな香りを生む。いわゆる吟醸香というもので、精米歩合が六〇パーセント以下のものを吟醸酒というのである。

さて、次が、洗米・漬米《つけまい》である。洗米作業は、いまは洗米機で行なうが、かつては米を半切桶《はんぎりおけ》に入れて手で回し洗いか、踏桶に入れて素足で踏み洗いしていた。ここでも、大量処理となると、それを専門に行なう蔵人が必要となる。

水切りを終えた白米は、甑《こしき》に入れられ、大釜（直径一・二―一・五メートル）で沸かした熱湯の蒸気によって、約一時間ほど蒸される。

酒造りの米は、炊くのではなく蒸す。これは、米つぶの芯まで均等にやわらかくして、

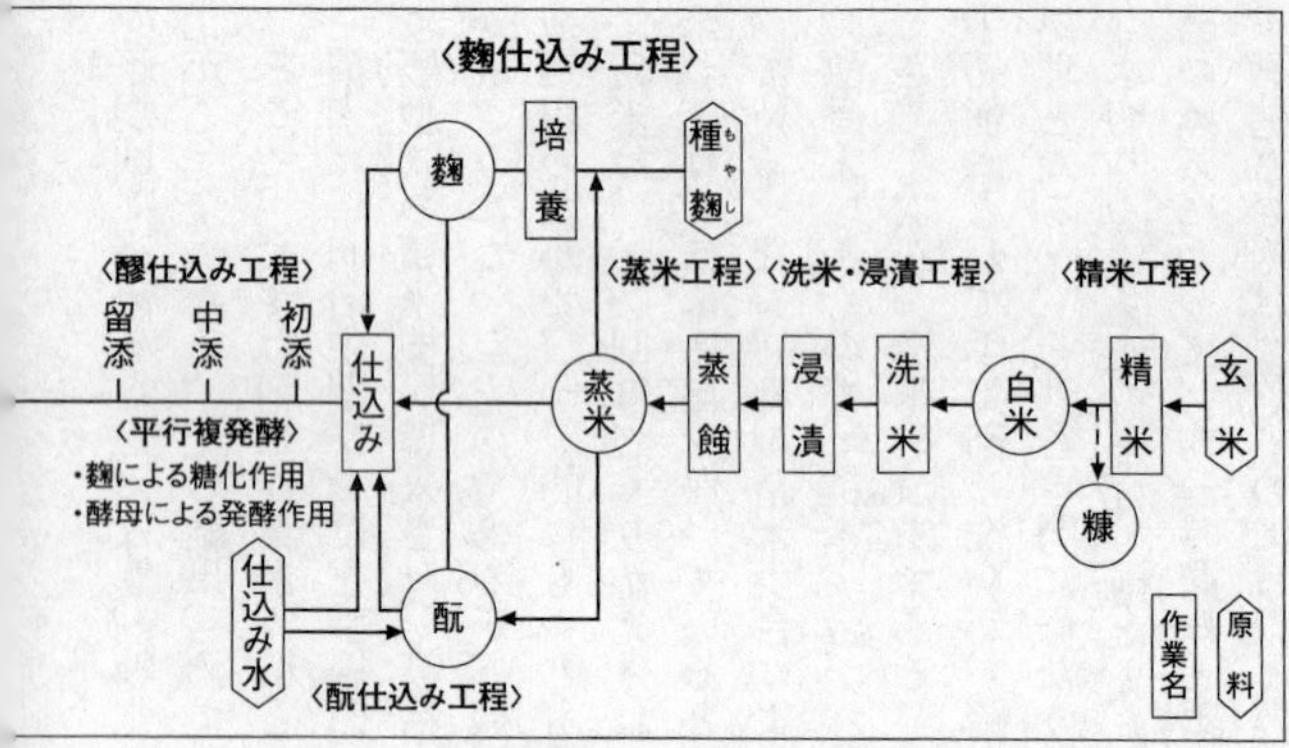

図3-2　酒造り工程図

麹菌や酵母が米つぶ全体にとりつきやすくするためである。炊いた米では、高度で均質な発酵が期待できない。これを担当するのが、通称を釜屋という蔵人である。

米が蒸しあがると、その加減を杜氏《とうじ》が確認する。酒蔵で慣習化しているひねり餅がつくられる。これは、手で練りこんで餅状にまとめたもの。強飯《おこわ》より柔らかく粘りも弱いが、ふつうの米飯よりはやや硬い。食べても美味だが、淡白である。

その後、ただちに蒸しとり作業にかかる。まず、二つの半役《はんやく》（ものを置く掛式の台）と休座《きゅうざ》（人が乗るための同じく掛式の台）を甑の縁に掛ける。半役には蒸米を掘り起こすための手水桶《ちょうずおけ》と、蒸米を運ぶ飯試《めしだめし》という桶を置く。また、休座には蒸米を掘り起こして飯試に入れる人が乗る。そして、蒸米を飯試に入れると、四―五人の蔵人がそれぞれ肩にかついで、酒蔵の土間一面に敷いた莚《むしろ》の上

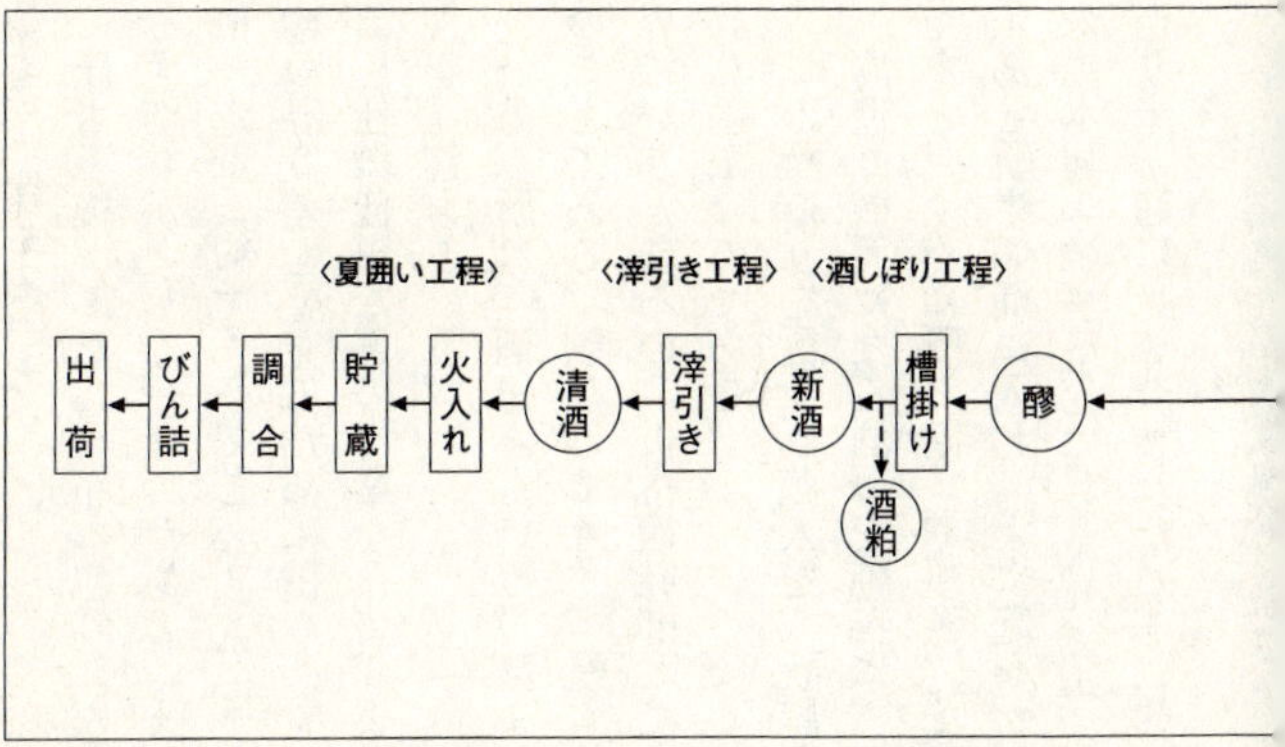

に運んで打ちあける。

いずれにせよ、大量の熱い蒸米を扱う作業は、過酷である。上半身裸になっても汗がふきだすし、手の皮は赤く焼ける。まさに、心頭の滅却が要求されるのである。

麹と酛

ここで、蒸米は、麹用と酛《もと》（酒母）や醪《もろみ》の仕込み用に分けられる。

麹造りに使われる蒸米は、莚の上でさらに薄い層に広げられ、三四—三六度ぐらいになるまで放冷されたのち、麹室《こうじむろ》に運びこまれる。そして、敷布に包んで大床という高さ約七〇センチの作業台の上にしばらく置いて温度を整える。その後、大床いっぱいに蒸米を広げて、種麹《もやし》を散布し、さらに蒸米に種麹菌が十分付着するように、固まった蒸米を切りくずし手でもみほぐしていく。この作業を、「床《とこ》もみ」という。

床もみ後、ふたたび布に包みこんで保温し、約一五時間後に、包みをといて手でもみほぐす切りかえしを行なったあと、また包む。数時間後、その包みをとき、盛枡《もります》で麹を麹蓋《こうじぶた》に一定量（約一・五キロ）ずつ分配し、棚に六―七枚ずつ順序よく積み重ねる。その後、麹の温度差を整えるために積みかえを行ない、さらに麹菌を均等に繁殖させるための中仕事、仕舞仕事などの作業をへて、ようやく麹ができるのである。なお、これを担当する蔵人を、麹方という。

一方、酛は、酒母ともいう。麹よりも安定して高度のアルコール発酵を促すスターターのことである。麹だけでなく、酛も使う。つまり、二通りのスターターを使うのだ。醸造界でいうところの「併行複発酵」であるが、世界でも日本酒の醸造過程でのみみられる優れた手法なのである。

この酛造りを行なう蔵人を、酛屋という。

醪造りの元になる酒母を純粋に、しかも大量に培養するための蒸米は甑からとりだされたあと、すぐに酛二階（酒母室）に運ばれる。そして、筵の上で八〇度くらいまで放冷したあと酛半切桶に入れ、上に筵をかぶせて埋け飯《いめし》にする。約二時間後、すっかり冷めた蒸米に水麹（冷えた水に麹を入れてかきまわしたもの）を加えて仕込む。やがて、水分がすっかり米と麹に吸いこまれたころ（約一〇時間後）に、酛半切桶を二―四人で囲み、櫂《かい》をそろえて練りつぶす荒擢り《あらす》（酛擢り）作業を行なう。この作業は、古来「酛擢り唄」（酛つき唄）にあわせて行なわれたもので、酒蔵のなかではもっとも見ごたえがあって、酒蔵の風物詩として時折の写真でもよく紹介されてきたとおりである。

私しゃ備前の岡山育ち
米のなる木をまだ知らぬ
米のなる木を知らなきゃ教え
うちの畳の裏ごろうじ
そろたそろた何がまたそろた
櫂のかぶらがよくそろた
（岡山地方の酛つき唄）

各地で文句はさまざまであるが、短句ごとに相の手（次句）が入り、八番、一〇番と、延々と続く。二番をうたうごとに位置を移し、酛がとけるまで廻りうたったものである。

この酛擢りにかぎらず、酒造りでは、あらゆる工程において唄をうたいながら作業するのが、昔からのしきたりであった。それは、ひとつには、蔵人の元気を鼓舞するためでもあるが、その唄のリズムで作業のスピードを調節するとともに、その長さで作業の時間を定めるという役割も果たしていたのである。

酛摺りは、二番櫂、三番櫂まで加えられ、その後、酒母が膨れるまでそのままおく。それから、大桶（酛御桶）に移し、約一週間のあいだ、一日に一度ぐらいの割合で暖気樽《だきだる》（四五―五〇度の湯を入れた小樽）を酒母のなかに入れる作業をくりかえし、少しずつ温度をあげていく。これは、蒸米の溶解、糖化を促進するためである。その間、櫂入れも随時行ない、酒母の温度調節をする。一七度前後になると、酵母がやっと目につくほどの活動をはじめ、表面にぶつぶつと泡がたちはじめる。これを、「湧きつき」という。

酵母が十分に増殖すると、大半切桶に分けて酒母の温度を下げ、発酵を止める。発酵が止まると、酒母をふたたび大桶に戻し、さらにしばらく熟成させて、ようやく生酛《きもと》ができあがる。これを、本仕込みの醪に使用するのである。

なお、この酛摺り作業のことを、「山卸《やまおろし》」といった。山卸は、かなりの重労働であるうえに、最初の生酛ができるまでに約三週間もの時間を要した。しかも、生酛は、雑菌を多く含むために、それを用いての仕込みの過程で腐造の危険もままあったのである。そこで、明治末ごろからは、醸造試験所の指導で速醸酛が用いられるようになった。この速醸酛を、「山廃酛」（山卸廃止酛）という。

醪造り

さて、酛《もと》ができると、いよいよ酒造りの本段といわれる醪造りである。醪《もろみ》とは、全体量の約七パーセントの酛の上に、冷ました蒸米と麹と水を加えてまぜあわせ、発酵させたもの。ここでは、杜氏と蔵人の呼吸のあい方が問われることになる。

そして、醪造りには、ふつう初添《はつぞえ》・中添《なかぞえ》・留添《とめぞえ》という三段階の仕込み法がとられる。まず、初日、三尺桶（仕込み桶）に、冷やした水・麹・酛をまぜあわせて水麹を造ったうえで、数時間後に放冷した蒸米を投入し初添を行なう。二日目は、酵母の増殖を見守る日で、とくべつ何もしない。順調に酵母が生育していれば、この一日で桶のなかでは泡が活発に踊るように吹きあげてくる。この段階を、「踊り」という。

三日目は、これを半分に分け、数時間おいたのちに中添の水・麹・蒸米を入れる。さらに、四日目に留添の水・麹・蒸米を入れて仕込みが完了する。

留添を終えて二、三日たつと、醪の面が軽い泡でおおわれ、やがてその泡が濃さを増して岩のように盛りあがってくる。さらに、泡のきめが細かく濃厚になり全面をおおいはじめ、四日目ごろになると、仕込み桶からあふれるばかりの高泡《たかあわ》となる。これは、発酵がさかんになり、アルコールの生成と同時に多量の炭酸ガスが発生するからである。このように泡かさが高くなる期間、すなわち留添後五日—一〇日過ぎごろまでは、泡が桶からあふれこぼれださないように、昼夜とも三時間くらいの間隔で、泡消し番が泡消し竹を使って泡消し作業を行なう。したがって、それを担当する蔵人は、夜もろくろく眠れないことにもなったのだ。

洗米の準備

ストップウォッチではかりながら、洗米用の布に入れて洗う

図3-3　酒造り

やがて、高泡も引き、引泡《ひきあわ》が醪の面に落ちつくころになると、大きな丸い玉のような泡が全面に浮かんでくる。その泡の膜に酵母がいっぱい含まれてつや消しのようにみえる状態を、「玉泡《たまあわ》が霞《かす》む」という。酒蔵には、こうした言いえて妙、酒落《しゃれ》た言葉がある。玉泡が消え去って、醪の表面が泡の残滓《ざんし》の薄い膜でおおわれるようになると、いよいよ発酵の完了である。

醪は、こうした工程をへて、短期のもので一五日、長期のもので三〇日で完成する。この期間は、甘口・辛口、あるいは濃い味・淡麗な味といった酒質によって加減される。

なお、日本酒は、「併行複発酵」という独特の酒造法によって、世界の醸造酒のなかでももっともアルコール度数の高い酒を造ることができるのである。ちなみに、原酒のアルコール度数は二〇―二二パーセント。ビールの六パーセント、ワインの一〇―一

3
洗米の終わった米を〝ふた〟に広げて水切りをする

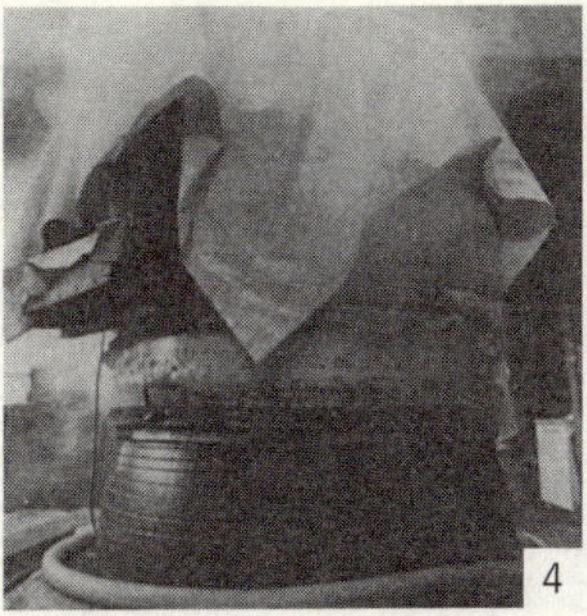
4
蒸窯。1回に600kg（10俵）蒸せる。これは古いタイプで、大半は連続蒸米機で蒸す

五パーセント、紹興酒の一七パーセントに比べて、きわめて高いことがわかる。

しぼりと粕抜き

さて、発酵が完了した醪は、米の中身は液化して外皮がかろうじて残っている状態である。これをしぼって固形分（酒粕）と液体分（新酒）に分けるのが、次の工程である。

まず、仕込み桶の醪を槽場《ふなば》の待桶に送る。槽場には、揚槽《あげぶね》と責槽《せめぶね》がある。前者は、最初にしぼる槽、後者は、さらに圧力を強めてしぼりを完了させる槽である。この槽は、かたちが平底の川舟に似ているところから、フネと呼ばれた。また、この工程の職長を、船頭と呼ぶ地方もある。

次に、待桶の醪を小さな酒袋に一枚ずつ汲み入れ、揚槽の底から順に上へ積み重ねていく。そして、槽の上縁までくると胴かさを乗せてかさあげし、さら

蒸した米を冷やしたあと〝床もみ〟をする（麴室に入れて広げる）

切りかえし（上下を均等に入れかえる）

に酒袋を積み重ねる。すると、酒袋は、自重によって自然にしぼられ、槽の艫《とも》の部分にある出口から、米のとぎ汁のようなうす濁りの液体がほとばしり出る。これが、新酒である。はじめて酒造蔵いっぱいに酒の芳香がただよう。

やがて、したたり落ちる酒の量が少なくなると、かさを取りはずし、ついで押蓋《おしぶた》をのせてその上に重しの板を置き、圧力をかけてしぼる。そして、翌日には、酒袋を責槽に移しかえ、加圧をさらに強めてしぼりあげるのである。なお、揚槽、責槽ともにたえず圧力をかけ続けなくてはならないため、夜間は、泡消し番が槽の圧搾作業を行なった。

粕《かす》抜きの作業は、杜氏以下全員で行なう。粕抜き板を膝の前に立て、その上に酒袋の口を下方にしてそわせ、一枚一枚袋をもみほぐして中の粕を抜きだす。これは、もっとも多くの人の手と時間を要する作業であった。

7

酒母をつくる。麹室から出したものを冷ます

8

〝擢〟を入れる。発酵中の酒をかきまぜる

しかし、昭和四〇（一九六五）年ごろからあとは、この酒しぼりの工程に連動式の圧搾機が導入され、粕抜きまで自動的に行なわれるようになった。

木灰と清酒

江戸時代ごろまでは、滓引《おりび》き（滓の沈澱を促す）のために、また、酸味の強い酒の場合、酸を中和させるために、木灰《あく》が添加されていた。それを、すまし灰、あるいは直し灰ともいった。

蓋《ふた》を覆い三十五日目に成す（四、五十日を経ると、汁多くして佳味ならず）、別に一灰一升を酒三升の中に投じ（澄し滓《かす》を去る法）、惣醅《そうもろみ》と和へ袋に盛り、槽に並《なら》べ汁を搾《しぼ》り、清酒《すみさけ》と為《な》す。

（後略）

江戸中期に編じられた図説百科辞典『和漢三才図

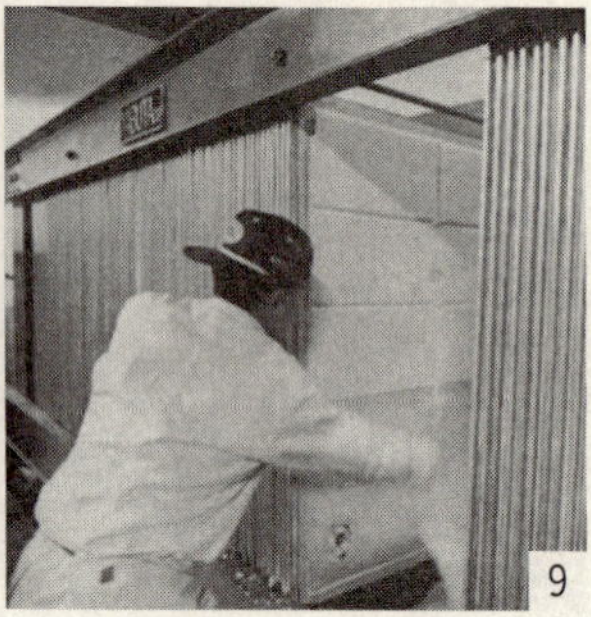

しぼりの終わったあとの〝滓取り〟

ビン詰め

会』には、こう記されている。

その歴史は、さらに前代にもさかのぼることができるだろう。例の、不慮の灰神楽《はいかぐら》をおこしたために偶然に酒が澄むことを発見した云々《うんぬん》、と各地に伝わる清酒の起源伝説にしたがえば、相当に古くから木灰を用いる法が広まっていた、としなくてはならない。

天保《てんぽう》九（一八三八）年に記された酒造秘伝書『酒《さけ》直千代伝法《なおしちよのでんぽう》』（『酒史研究6』に所収）の「五愁《しゅう》五悪《あく》変《へん》酒直方灰調合《ちょうごう》の事」には、さらに詳しく、次のようにある。

一、直灰に酒の変《かわり》ぬけるにあらず、功《こう》のふ灰を以変味をすひ、口顕《あらわさ》ず。元能酒は、灰の香《か》をすひ込、双方《そうほう》かくれ合《あえ》るなり。勢《いきおい》よわき酒は、灰香をかくせず、あたゝめられて元変かへり。ながもちせざれば、鬼築酒・焼酎《しょうちゅう》を加へべし。

先酒酢気《すき》あれば、楠《くすのき》灰調合してなをす。

これによると、木灰は、酒の悪臭や悪味をも中和するらしい。ということで、以下、さまざまな変質をおこしそうな、あるいはおこした酒の直し方が記されている。たとえば、渋気《しぶけ》酒には煎《い》りくだいた糯米《もちごめ》と焼酎を混入するのがよい、色かわり酒にはふかして干しあげ粉にひいた小麦を加えるのがよい、などとある。それが、化学的にどれほど合理的であったか、ここは醸造化学の専門家に問いただしてみよう。

栗山一秀さん（月桂冠副社長）。京都大学農学部の農芸化学科で醸造学を専攻し、卒業後四〇年間にわたって醸造法の近代化にとりくんできた、業界きっての理論家である。

「そうでんな、酒を澄ますのに木灰を使うのは、いま考えても合理的な方法です。木灰に含まれる炭素には、肉眼では見えないごく微細な穴が無数にあり、酢っぱさや不快臭の成分がそれに吸着されてしまうんです。そうです、炭素粒を通して水を浄化する、あれと同じ原理です。それに、灰に含まれているカリウムやカルシウムのアルカリ性によって中和され、さらに浮遊してる微粒子は灰といっしょになって沈殿し、はっきりと上澄みの層ができるんです。

木灰には、いろいろ種類がありますが、酒には杉の灰がよく使われていたようです。

これは、酒を澄ますだけじゃのうて、酒樽《さかだる》との相性もあって、香りにも効果があったようです。というても、このごろの酒は、醸造技術もすっかり進歩し、品質も安定してますから、そんな必要もおまへんな。酒を澄ますだけなら、卵白でも、柿渋でもいいわけです。事実、私が知ってからは、木灰が使われることなどはなかったですな。ええ言葉でいうと、酒を仕上げる、悪い言葉でいうと、見た目や口あたりを矯正する、それが酒直しということです。そら、技術が幼稚な昔は苦労したですやろ。酒は、生きもんですから、腐造や変質はなかなか止められません。そやから、ちょっとでも効果があると、灰なんかに期待することになったんでしょうな」

火入れ

しかし、と栗山さんはいう。

「酒の手直しとしては、火入れがいちばん大事やといえますやろ。われわれ業界言葉で、火落ち菌というのがあります。これがはびこると、酒が腐ってしまう。そやから、この火落ち菌を止めるのに火入れが大事になります。火入れで落ちる雑菌やから、火落ち菌いうんでしょうな。とくに、夏をこして保存する前、春先には必ず火入れをするんです。それでも夏がこしにくければ、二度、三度と火入れを繰り返す。それを、二ッ火、三ッ火といいました」

寒仕込みだけに頼る酒蔵（四季醸造をしていないところ）では、春にしぼった夏向けの酒の火入れこそが杜氏や蔵人たちの仕事仕舞となるのだ、という。

火入れとは、あらためていうまでもなく、加熱殺菌の法である。

それは、明治末ごろまでは、大釜《おおがま》で直接清酒を煮たてる方法がとられていた。やがて、大釜で沸騰させた湯を三尺桶（仕込み桶）に加え、そこに蛇管《じゃかん》を漬けて、これに酒を通す方法がとられるようになった。つまり、酒を桶からポンプで引きだし、蛇管を通すあいだに加熱して、別の桶に送りこむというしくみである。この間、蛇管出口にさしこまれた温度計で常に温度をチェックし、その高低によって配管の途中にあるバルブを開閉して温度調節をはかる。こうして、一定温度（六二―六五度）で約三〇分の低温殺菌が行なわれるわけである。

現在、その方法は機械化されている。冷蔵施設も整えられているとはいえ、なお火入れは、清酒造りの仕上げ作業として不可欠なのである。日本の高温多湿な夏期の気候をもってすると、醸造酒を保存するのはいかにもむずかしい。

酵母の働きをおさえるだけの必要最低限の温度（六五度前後）で加熱する火入れ法が発達した。いわゆる低温殺菌法であるが、今日一般化している牛乳の加熱殺菌法の元祖もここにある。

火入れを終了すると、酒は、貯蔵桶（囲い桶）に入れられ、桶蓋《おけぶた》をかけられたうえにすき間を和紙で目張りされ、密封貯蔵される。そして、蔵だしの日まで熟成の眠りにつくのである。

今日では、仕込み桶や貯蔵桶など桶の類は、ほとんどがアルミやステンレス、あるいはホーロー引きのタンクに姿をかえている。したがって、その洗浄作業は簡略化されたが、かつて、桶洗いは、酒造りに重大な影響をおよぼす大事な作業であった。ことに、貯蔵桶は、前洗い（秋洗い）と本洗い（春洗い）の二回に分けて入念に行なうなど、十分な注意がそこに払われていたのである。

まず、大釜で沸かした熱湯約二〇〇リットルを貯蔵桶に入れ、蓋をして湯ごもりを行なう。次に桶を倒して熱湯をかけながらササラでしごき洗いをしたうえで日光にあてて乾かし、日光消毒を行なう。こうした作業が、一〇日余り毎日くりかえし行なわれたあと、いったん目張りをして密封される。そして、二月末から三月上旬、すなわち、酒が貯蔵桶に入れられる寸前に、ふたたび同様の方法で丹念に洗いあげる。貯蔵中の酒が腐らぬことを祈りながら、なお細心の注意を払っての作業であった、という。

日本酒独特の技法は火入れ

日本独特の殺菌法

以上述べたように、この酒造りの工程のなかで、とくに注目すべきは火入れである。周知のとおり、日本の伝統的な酒は、九州を中心とする焼酎（芋焼酎・麦焼酎・米焼酎など）と沖縄の泡盛《あわもり》（もとはアワを原料にしたといわれるが定かではない。近来はタイ米を使用）を除けば、すべて醸造酒である。それは、いうなれば発酵途上酒である。つまり、発酵の具合によって何段階かに分けられるわけで、まず甘酒の状態があり、しばらくすると濁酒《にごりざけ》となる。それを濾過《ろか》したものが清酒、そして、さらに発酵がすすむと酢に変質してしまう。

したがって、防腐剤や冷蔵保存法の発達する以前は、とくに酒の保存がきわめてむずかしく、醸造期間のみならず、その飲みごろの期間は、当然かぎられていたわけである。少なくとも、日本の夏場は、高温多湿であり、発酵が早くすすみすぎるため、酒を造り酒を熟すということには適さない。同じ日本列島にありながらも、とくに南九州や沖縄で清酒造りが定着せず、蒸留酒の焼酎や泡盛が発達したのも、その気候のせいである。本州にあっても、古くから酒造りは、冬場に行なうのが常であった。そして、少しでも保存期間を長く安定させるためのしかるべき方法が講じられてきたのである。そのひとつが火入れであった。

火入れは、日本酒の保存に欠かせない。たとえば、近年流行している生酒《きざけ》（火入れを行なっていない酒）を、梅雨から夏場にかけて冷蔵保存せずに一週間おいておいたらどういう状態になるか。その一例をもってしても、火入れの重要性が再確認できるであろう。

火入れは、世界のなかでもきわめて特徴のある酒造りの工程である。坂口謹一郎氏の『日本の酒』によれば、明治初期に、はじめて日本酒の製法を世界に紹介したドイツの学者O・コルシェルトやイギリスのR・アトキンソンなどが、口をそろえて驚嘆したのが、この火入れであった、という。

それは、ちょうどパスツールが葡萄酒《ぶどうしゅ》における「パスツーリゼーション」、すなわち今日でいう低温殺菌法をフランスで発表して、世界中を驚かせて間もないころであったため、ショックがとくに大きかったらしい。つまり、パスツーリゼーションの発見よりずっと以前から日本の酒造りにおいて火入れが行なわれていた、ということに対しての驚嘆であったのだ。

火入れがいつごろからはじまったのかは明らかでない。ただ、いまのところもっとも古い記録とされているのが、室町末期から安土桃山時代の永禄・元亀・天正年間（一五五八―九二）に奈良、興福寺の僧英俊を中心として書かれた『多聞院日記《たもんいんにっき》』（そのなかの末寺の酒造の覚え書き）である。それをみると、たとえば永禄三（一五六〇）年には、旧暦の三月に仕込んで五月はじめにできた酒を、五月二〇日に「酒を煮させ了《おわ》る、初度なり」とある。そのほかの年にも同様の火入れの記録が残されている。したがって、少なくともパスツーリゼーションの発見より三〇〇年も前から、日本では火入れが行なわれていたことになる。

ちなみに、中国の古い文献にも、「煮酒」という言葉がでてくる。また、現在でも、老《ラオ》酒《チュウ》の場合、しぼった酒を甕《かめ》につめる前に加熱し、その後、石灰の混じった泥で甕を泥封して、そのまま長期の貯蔵に入るのである。ただし、その際の温度は八五度くらいで、日本の今日の火入れのような六〇度少々といった低温ではない。

しかも、『多聞院日記』にみられる火入れは、おそらくいまと同じような温度で行なわれたと推測できる。まず、そこに、酒に指を入れて一の字が引けるか引けないくらいの熱さで、と記されていることである。

さらに、その火入れの時期が今日のそれとほぼ一致する。すなわち、旧暦の二、三月にしぼり終えた酒を、五、六月に火入れしているのである。

また、「初度なり」という記述は、その後の火入れ（二番火）をも連想させる言葉であ

図3-4　酒搾り
（『日本山海名産図会』による門脇俊一画　大倉記念館）

る。酒の様子をみながら危ないとなればそのつど火を入れるという今日にも通じる習慣が、すでにそのころからあったとみてよいだろう。

なお、「二番火」という言葉が文献に登場するのは、江戸時代のことである。前掲の『酒直千代伝法』には、次のように記されている。

一、火入は寒あけ百廿日、限れば百五日十日をかぎり、火いるれば、火の愁《うれい》又はあく味のぞくたよりあり。五月の湿気、六月の暑中かはり出るは、初火をくれ、二度火はやくきたる故なり。三十日または三十五日目入、三ッ火は六月下旬又は立秋に入留る。

一、秋春に不レ限《かぎらず》、なん時にても不造酒は、直に火を入てもつべし。

とくに、梅雨どき以降の保存には、二番火が不可欠であったことを傍証しているのである。

なお、正規の火入れ（通常、旧暦の五、六月）を待たずに、とくに腐敗が心配される酒の場合は、しぼりあげてまもない時期に、薄火《うすび》といって少し低い温度（四〇度前後）の火入れをすることもあった。

　薄火とは夏の呑間程《のむかん》を言ふ也《なり》、是《これ》を密火《かくしび》とも言ふ也、是は煮中へ手を指入、釜の鍔際《つばぎわ》にて三篇四篇廻《まわ》すに熱み応程《たえる》にもなく、或《あるい》は釜底にて応有の間《かん》也、足強き酒 如斯《かくのごとく》 入べし。

（『童蒙《どうもう》酒造記』）

今日でも素焚《すだ》きといって、しぼりあげてまもなく、四〇度くらいで早期の火入れをすることがある。ただ、素焚きの目的は、殺菌よりも酒の熟成を早めることにあるようだから、右の薄火とは別の加熱法とみなくてはならない。

いうまでもなく、火入れの最大の目的は殺菌にあった。が、同時に熟成の効果をもねらったものでもあっただろう。というのは、六〇度少々の温度では酒のなかの酵素はすぐには破壊されず、少なくともその初期には、温度の上昇にともなって酵素が活発化し、酒の熟成を助けることになるのである。もっとも、それは一時的なことであり、最終的には酵素を失活させて酒質の変化をとめ、蒸留酒ほどではないまでもそれなりに安定化させるわけである。

火落ち

さて、こうした火入れによって殺菌と熟成の調節がはかられたうえで密閉貯蔵された酒は、ほとんどの場合、大きく変質する心配がなかった。

もちろん、細菌《バクテリア》のなかには、一〇〇度以上の熱湯のなかでも短時間なら生き続けるものもある。それらを完全に殺すには、缶詰の場合のように、高圧蒸気で一〇〇度以上の加熱が必要である。だが、そうした耐熱性のある菌は、さいわいなことに、酒のような酸性の強いもののなかでは多く繁殖できない。

そこで、それ以外の細菌を殺すことのできる温度、すなわち六〇度少々の低温で五―一〇分以上加熱すればよかったのである。

とはいえ、一度の火入れによって完全殺菌がなされたわけではない。そこで、酒の具合をみながら、幾度かの火入れが行なわれることにもなった。

しかし、それでもときに、白濁や特異臭の発生など酒の変質現象があらわれることがあった。こうした現象を「火落ち」、という。火入れをしてもなお落ちる、だめになる、ということから、そう呼ばれるようになったのであろう。

火落ちの原因は、後年科学的に解明されたのであるが、清酒をとくに好んで繁殖する特殊な細菌の作用によるものであった。醸造化学の世界では、これを一般的に火落ち菌と呼んでいる。

火落ち菌は、乳酸菌の一種で、好アルコール性、好酸性が特徴である。清酒はアルコール度が一五パーセント以上（蔵内での貯蔵酒の場合は二〇―二二パーセント）もあるので、一般の細菌は生育しにくいが、火落ち菌の場合は、アルコール度が高いほど生育しやすい。また、清酒の酸性（PH四・五前後）もその繁殖に好適なのである。

火落ち菌についてのはじめての記述は、先のR・アトキンソン（東京大学医学部製薬科教授）によってなされている。彼は、明治一四（一八八一）年に出版した"The Chemistry of Sake-Brewing"において、次のように記しているのである。

スポイルされた酒によくいる菌で、不快な臭を発生し、ビールでもこれに悩まされている。この細菌を殺菌するために酒を加熱する。六月から九月の暖季節には少なくとも月に一回、あるいはもっとしばしば火入れをしなければならないことがある。同じ桶に火入れした酒が返されるが、入りみが少ないと上辺の菌が酒に戻り、再び火落ちすることがある。

火落ち菌の弱点は、耐熱性がないということにある。ゆえに、これを防ぐには火入れをくりかえすしかなかったのだ。それでも一度、火落ち菌が繁殖すれば、もうなすすべもない。ことに、酒を木桶《きおけ》で貯蔵していた時代にはその発生率が高く、それがため破産に追いこまれた酒蔵も数多くあった。

サリチル酸による火落ち防止

そして、火落ち菌防止対策のひとつとして、明治中期には、防腐剤としてサリチル酸の導入がはかられた。サリチル酸の使用を奨励したのが、先のO・コルシェルトである。彼は、明治一二（一八七九）年三月二五日の『郵便報知新聞』紙上において、「夏季日本酒ノ酸敗スルヲ防グ法」と題し、サリチル酸の防腐剤としての有効性をはじめて紹介している。

予嘗《かつ》テ聞ク。醸造家及ビ酒類販売家ノ夏月酒ヲ貯フルニ、其《その》酒ノ酸敗スルニ由ッテ大ニ損財シ、之《これ》ガ為《た》メ日本ニ於《おい》テ年々損失スル処《ところ》ノ金額ハ実ニ巨大ナリト。（中略）此《この》損失ノ巨額ナルヲ以《もっ》テ予ハ務テ其酸敗ヲ防グノ法ヲ醸造家及ビ其販売家ニ伝告シ、其患ヲ除カンコトヲ望ム。（中略）
夫《そ》ノ法タルヤ、近年独乙国《ドイツ》有名ナル化学者ドクトルユルベー氏ノ試験シテ、世人ノ普《あま》ク知《ね》ル処ナル撤里失児《サリチル》酸ヲ施用スル、是《これ》ナリ。此撤里失児酸ハ効験ノ著キヲ以一般ニ採用セラレ、其作用ハ腐敗ヲ除キ、醗酵《はっこう》ヲ遏止《あっし》ス。（中略）欧州ニテ之ヲ多量ニ用ルハ製造場ヲ第一トシ、及ビ食物ニテ肉類、牛乳、鶏卵、菓実等、又飲料ニテハ麦酒、葡萄酒《ぶどうしゅ》等ノ久ク貯蓄スルニ最緊用トス。就中《なかんずく》麦酒、葡萄酒ニハ撤里失児酸ヲ用フレバ、久シク貯蓄スルトモ嘗テ酸敗スルコトナシ。（中略）是レヲ日本酒ニ用ヒテ又効験アルコト必セリ。ココヲ以故《ことさ》ラニ予ハ醸造家ニ告ルニ撤里失児酸ヲ加入シテ、宜《よろし》ク酒ノ酸敗ヲ防ベシト。

さらに、コルシェルトは、「撤里失児酸ヲ加入スル法」として、より具体的な使用法も記している。

こうしたコルシェルトの発表を契機として、酒造業者を中心にサリチル酸の使用が急速に広まっていった。日本の酒造業界にとっては、火入れ以外の腐敗防止策の採用が長年の最大の課題であり、サリチル酸の紹介は、まさに福音であったにちがいない。コルシェルトは、翌年（明治一三年）に、『酒類防腐新説全』（口述論文を中心としたもの）を著わし、サリチル酸の有効性をさらに説いたが、その本が驚異的な売れ行きを示したということが、何より醸造業界における火落ち菌への恐怖を物語っている、といえよう。

そして、その第二版（明治一六年）には、「サリチール酸実験の報告」として、サリチル酸を用いた酒屋の声が紹介されている。たとえば、摂津御影村《せっつみかげ》（現在の大阪府・兵庫県の一部）の伊東泰次の報告は、以下のとおりである。

「ザリチール」酸の酒の酸敗を防ぐの説を或《あ》る新聞紙に広告ありたり。因《よ》りて余は四月上旬酒に火を入るるの期に、生酒を三斗六升入の樽に入れ、「ザリチール」酸二匁八分を投じて能く混和せしに、更に酸敗の兆を見ず。七月頃東京に送りて皆売捌《うりさばく》を得たり。又七月頃「ザリチール」酸を加へざる酒、酸敗の兆を顕《あら》はしたり。依《よ》りて之に火を入れ、「ザリチール」酸を投じて囲桶《かこいおけ》に貯ふるに、少しも酸敗することとなし。之を行ふに三十石の清酒に薬品二百四十匁を入れ、能く混和したれば常の如く密閉し貯ふるなり。而して十一月に至りて売捌きたり。「ザリチール」酸を加へたる酒樽の注口には少しも黴菌《かび》を生ずることとなし。是れ腐敗を防ぐ証拠なり。

サリチル酸の使用禁止

サリチル酸は、白色針状結晶で、常温では酒に溶けにくいが、熱酒には容易に溶解するので、火入れをしているときに酒の上面にまけば自然に混和する。こうした使用上の簡便さも、サリチル酸が酒造家に好んで受け入れられた要因のひとつであっただろう。

しかし、明治の末になると、サリチル酸使用停止の動きがおきはじめた。それは、当時、サリチル酸の使用が清酒一石あたり八匁が適当とされてはいたが、とくべつに使用量が定められていたわけではなく、その安全性がとりざたされるようになったからである。だが、これに対し、酒造家側は、サリチル酸の火落ち防止効果を強く訴えて使用の継続を陳情。結局、一応の使用限度を二五〇ＰＰＭとして、その後も使用が認められることになったのである。

しかし、昭和三〇年代後半になると、折からの食品安全を守る市民運動などによって、ふたたびサリチル酸の安全性がチェックされることになった。そして、昭和四四（一九六九）年には、全国の国税局の鑑定技官や各県の醸造技術者たちが集まり、サリチル酸を使わずに火落ちを防ぐ技術の開発にとりくむことになった。火落ち菌の研究、酒造工場内での火落ち菌の実態調査などが、精力的に行なわれたのだ。いうなれば、その分野にはじめて化学的なメスが入れられたのである。

その結果、サリチル酸の有効性が疑わしい、ということになった。昭和四六年、日本酒造組合中央会が、サリチル酸使用の自粛を発表。さらに、昭和四八年には、厚生省から、サリチル酸を食品添加物の使用基準からはずすことが発表された。つまり、これによって、酒類へのサリチル酸の使用が実質的に禁止されたわけである。

以後、今日まで、日本酒には防腐剤、保存料の類《たぐい》は使用されておらず、酒の保存は、ふたたび火入れという伝統的な手法を重視するようになっているのである。

もっとも、その一方で空調設備が整った倉庫や大型冷蔵庫が普及して、その面では以前よりも酒の保存がたやすくなった、という背景をも忘れてはなるまい。

麹酒は高湿度文化の華

いうまでもなく、日本酒は、醸造酒である。いいかえるならば、麹酒《こうじざけ》（カビ酒）である。米飯を原料として米麹を加える。それは、東アジアの国々の酒に広く共通する。つまり、東アジアは、「麹酒文化圏」としてよいのである。

ただ、日本では、通年醸造が未発達である。昭和三六（一九六一）年から、酒蔵の空調（定温定湿）や工程の完全自動化（雑菌防止）によって技術的には四季醸造可能になった。が、現在でもまだそれが実施されているのは大手の酒造会社十数社にすぎない。依然として、寒仕込みが主流にあるのだ。

そして、夏場に向けて酒を保存するには、火入れをする必要があった。

技術的にみると、そのあたりに、日本酒のもうひとつの特色がある。そして、それは、いうまでもなく日本の気候風土を表徴することでもある。

高湿度と酒造り

日本は一年を平均してとらえると温暖で湿度が高い。とくに、夏期は、全国的に高温多湿である。それは、酒を通年的に安定発酵させるには、まことに困難な条件といわなくてはならない。

しかし、われわれ日本人は、古くから酒を醸造し、酒を愛飲してきた。そこには、当然、気候条件に対応してのさまざまな技術的な工夫が加えられたわけである。それが、寒仕込みであり火入れであったのだ。

とくに、高湿度が問題であった。とかく、われわれは、植物の生育や発酵の要因として温度をのみ問題視しがちであるが、それは一面的にすぎるというものである。湿度もおおいに影響する。

たとえば、空気中にはさまざまな菌（雑菌）が生棲《せいせい》している。ほとんど目に見えない状態で存在するが、それらは明らかに生きている。そして、温度や湿度、それにとりつく媒体の状態で活動を活発にしたり停滞したりする。しかも、温度に過敏な菌もいれば、湿度に過敏な菌もおり、その反応は一様でない。醸造に関係が深いところでいうと、麹菌（これも厳密にいうと何種類もあるが）の働きは、温度よりもむしろ湿度の作用が大きいのである。

杜氏《とうじ》や蔵人《くらびと》の熟練者と話していると、発酵条件そのものは、とくに麹の発酵にかぎれば梅雨どきがいちばんよい、という。ただ、梅雨から夏にかけての時期は高温でもあるので、発酵が進みすぎるきらいがあり、それを制御しにくいから冬期を醸造期とするのだ、というのである。冬期の低温と梅雨どきの高湿度がからむと、酒造りの条件としては本当はいちばんよいはずだが、そのような気候条件はありえない。

そのことは、今日に通じる近代の酒造法を杜氏の立場から著わした三浦仙三郎の不朽の名著『改醸法実践録』にも明記されている。麴室の構造の第一は「湿気と鼠の潜入を防ぐこと」であるが、一定の湿度を保つためには「撒水をもすべし」、といっているのである。

その事実が、なぜかこれまであまり問われなかった。醸造に関する文献は数多くあるが、湿度を問題とする例は少ない。近年、私の知る範囲では、わずかに東京農業大学の小泉武夫氏（農学博士）がそのことに詳しい。たとえば、日本のコウジカビ（散麴《ばらこうじ》）は、中国、および東南アジア諸国の醸造に使われているクモノスカビとは異なるもので、高湿度の列島弧で独自に発達したのではないか、と指摘する（「日本の酒・高志《こし》の酒―その起源」、『日本海シンポジウム――味噌《みそ》・醬油《しょうゆ》・酒の来た道』に所収）。

ただひとつ、酒の問題だけにとどまらない。味噌・醬油・味醂《みりん》・米酢・なれずしなど、日本では麴カビによる発酵食品がたくさん発達している。日本は、「カビ文化の国」といってもよいだろう。これが、たとえば概して湿度の低いヨーロッパであれば、せいぜい湿度の作用をあまり受けない青カビによるブルーチーズぐらいしか類似品がでてこないのである。

湿潤な気候と生活文化

世界でみた場合、同緯度圏で日本列島ほど湿潤なところはない。年間の平均湿度が約六五パーセント。それに匹敵するところは、東南アジアの一部と南米のアマゾン流域など熱帯雨林圏にかぎられる。高温多湿の夏日には「熱帯夜」なる表示がでるのも、日本ならではのことである。

そこで、日本列島に暮らすということは、まずは湿度対策からはじまる。

したがって、衣・食・住それぞれの分野できわめて日本的といわれる生活文化の様相は、そのほとんどが湿潤な気候への対応策から生じている、といっても過言ではあるまい。たとえば、着物の襟首《えりくび》や袖口《そでぐち》、それに身八《や》ッ口《くち》を大きく開けるのも、通気性を考慮してのことである。ダボシャツ・ステテコ・ジンベイなども同様の原理で、その形が定まっている。さらに、履きものも草履《ぞうり》・下駄・足袋《たび》などの形式を発達させたのは他に類例がなく、日本ならではの湿度対策というべきである。余談ながら、それを洋靴にきりかえたとたんに、水虫が蔓延することにもなった。

住宅についても、木造高床・草屋根に土壁・障子に襖《ふすま》・畳などは、すべて湿度の調整をはからんがためのものであった。現在、いわゆる日本建築が後退して洋風建築が普及しているのも、除湿装置や換気装置が付属しているからで、それがなければ快適に過ごせるものではない。また、いくら洋風建築が流行しても、家に入るときに靴を脱ぎ畳の部屋でくつろぐ生活様式を捨てきれないでいる、その一方の事実にも注目すべきである。

食生活に関係しては、清酒をはじめとして発酵食品がこれほどに発達していることが、湿度への順応文化である、といわなくてはならない。先述もしたように、ひとり清酒にかぎらず、味噌・醬油・漬けもの・なれずしなど発酵食品が多くあることが、そのことを如実に物語っている。

温度やその他の自然条件を、けっしてないがしろにするのではない。しかし、日本列島の風土とそこに育《はぐく》まれた特異な生活文化の諸相を考えようとするときは、湿度を重視しなくてはならないはずなのである。

燗酒の習俗と気候風土

なお、さらにうがって考えれば、日本における燗酒《かんざけ》の習俗も、それとけっして無縁ではないだろう。

われわれ日本人のあいだでは、燗をした酒を飲む習慣が普及しているが、世界の民族でこうした飲酒習慣をもっている例は稀《まれ》といえる。燗酒の習慣がいつごろから生じたかは明らかでない。しかし、たとえば、中世の風俗を描いた絵巻物類にはそうした情景が描かれてはいないし、遺品のなかにも燗徳利らしきものはほとんどみあたらない。

そこで、燗酒の習慣は、近世の町人社会あたりで流行、定着したものと想定できる。それは、いうまでもなく、濁酒《にごりざけ》や焼酎《しようちゆう》ではなく清酒を対象としたものであり、前述したように近世において江戸や大坂（阪）、京都などの都市部を中心に、清酒を購入してときどきに飲む習慣が普及するのにあわせてのことと想定できるのだ。料理屋や居酒屋の出現もみた。それにつれて、銅製のチロリ（温酒器）や磁器の盃《さかずき》などが専用の酒器としてでまわってくる。ただ、全国的にみたとき、燗徳利や銘々盃の普及は明治以降のことといわなくてはならない。ということも、すでに先述した。

祭りや行事どきに、自分たちが酒を造り、それをある期間内に飲み干すかぎりにおいては、酒は生《き》で飲んでいるのである。現在も、祭りや行事の盃事で燗酒を飲む習慣はない。ということは、それが日本の飲酒形式の原型であるからにほかならない。

酒が商品化され通年的にでまわるようになってから、燗にする習慣が広まったとしなくてはならないのである。

問題は、日本でなぜ燗酒の習慣が生まれたか、ということである。

もちろん、その第一は、暖をとるためであっただろう。しかし、それだけの理由であるなら、夏場の燗酒などありえないはずである。しかし、われわれは、夏にも燗酒を飲む。もっとも今日では生酒《きざけ》が普及しているのでそのかぎりではないが、かつてはそうした傾向が顕著であった。すると、そこには当然別の理由が求められるはずである。

それは、ある期間おいた酒がもつ臭みを消すためではなかったか。

かつて、冷蔵庫の未発達なころ、生酒の飲みごろは、ごくかぎられた期間であった。そのかぎられた期間の酒の旨味《うまみ》を最上の馳走として祭りが行なわれた。

その期間をはずした酒造家による酒は、すべて火入れを経て出荷される。とくに、夏場の酒は、数回の火入れを経ているわけで、それは、極端な比喩をすれば燗ざましのような酒であった。時期をはずしかけた、そんな酒を飲みやすくするために、燗の習慣が生じたとも考えられるのではあるまいか。そして、それは、そうした酒を売るための酒屋の商法から広まったものではなかったか、と思える。

ただ、これは、いまの時点では私見にすぎず、事実関係の究明には、まだなお時間を要する。

ここでは、酒を造るにも、またそれを飲むにも湿潤な日本列島の気候風土が大きく影響している、ということに触れたにとどめておきたい。

いずれにせよ、日本酒とは、造り期間も飲みごろもかぎられた生ものなのである。

所詮は嗜好品《しこうひん》ではないか、といわれるとそれまでであるが、少なくともひねた味、すえた香りの酒は造るべきでなく、また飲むべきでもないのだ。これも好みの問題ではあるが、とくによい酒とは、あくまでも冷で香りと味が楽しめるもの、としなくてはならないのである。

日本酒暗黒の時代から復権の時代へ

おいしくなった日本酒

最近、日本酒離れが進んでいる、といいながらも、一方で、日本酒がおいしくなった、ともいう。

純米酒とか本醸造酒、あるいは吟醸酒などのいわゆる高品質の清酒がこの十数年来市場に出まわるようにもなっている。それらは、旧来の一般的な清酒に比べると、たしかにうまい。香りも喉《のど》ごしもよく、それに酔い心地がよいのである。そして、あまり悪酔いをしないように思える。

どうして、そうした高品質の酒がこれまで造られないでいたのか。醸造技術が未発達だったとは思えないのに、不思議なことである。

本来、酒は米を用い、人手をかけて造るものではなかったのか。それを、なぜにいまさら「純米」とことわり、「本醸造」とことわらなくてはならないのか。これはさらに不思議なこと、といわなくてはならない。

そこで、愛飲家を自認する長老たちが、純米酒や吟醸酒を口にして、昔の酒の味を思いだした、と満足そうにうなずくことがある。あるいは、杜氏《とうじ》の長老たちが、本当の酒が誰にも気がねなくやっと造れるようになった、と意気揚々と語ることがある。

ということは、かつてすでに完成していた純米酒・本醸造酒・吟醸酒が、しばらくは陽《ひ》の目をみないでいた、という事実を物語っている。造り手も飲み手もけっして本意ではない品質の酒が出まわっていた、その日本酒の停滞期が長く続いていたのである。

醸造業界が、高品質の酒を造ることにあえて目をそむけてしまったひとつの時代があったのだ。

日本酒の暗黒時代

日本酒にとって、不幸な時代があった。それは、戦争（第二次大戦）に起因する——。昭和一二（一九三七）年、日中戦争に突入した日本は、第二次世界大戦が終結する昭和二〇（一九四五）年まで、戦禍の時代を送ることになる。そのあいだ、日本の各産業は、戦時体制のもとに種々の統制を強いられた。むろん、日本酒業界も例外ではない。

「未曾有《みぞう》の非常時局下」という言葉が巷《ちまた》に流れだした昭和一三（一九三八）年、酒造組合は、国家による統制の開始にさきがけ、自主的に新酒造年度（一〇月一日から翌年九月末日まで）から一三パーセント減の生産統制を行なう決定をした。その対象は、清酒・焼《しよう》酎《ちゅう》・味醂《みりん》であり、このうち焼酎と味醂については、最終的に二〇パーセントの減産と確定している。

そうした酒類減産の目的が食糧としての米の確保にあったことはいうまでもない。戦時下における物資欠乏の時代にあっては、当然のことながら、嗜好品である酒よりも主食としての米の確保の方が重要視されたのである。

やがて、酒造米二〇〇万石の削減案が国家総動員審議会において可決され、昭和一四酒造年度の清酒生産は半減するにいたった。ちなみに、昭和一二年度の原料米は約三七四万石で清酒製成数量は七八万七七〇〇キロリットル、昭和一三年度が原料米約三四五万石、清酒製成数量七一万四一〇〇キロリットル。それが昭和一四年度には、それぞれ約二〇〇万石、四四万一五〇〇キロリットルに減っている。酒造業界の衝撃が大きかったことは想像にかたくない。

さらに、それに追いうちをかけるように、昭和一四(一九三九)年一一月二四日、米穀搗精《とうせい》等制限令が公布された。いわゆる白米禁止令である。これは、飯米を七分搗《しちぶづ》き以下とすることで、一三〇万石の節約をはかろうとするものであった。当時の新聞は、これを「黒い餅《もち》でお正月」という見出しでセンセーショナルに報じている。

こうした状況下では、酒造業界も、清酒減産に抵抗する余地などなかった。そして、以後昭和二二年度まで清酒の減産は続き、結局最終的には、使用原料米数量では昭和一二年の約九パーセントに、清酒製成数量では一一・六パーセントにまで落ちこんだのである。その比率が同じでないのは、アルコール添加による増醸が行なわれたからである（それについては、後に述べることにする）。

ともかくも、そうした状況下で、酒の需給は急速に均衡を失い、昭和一四年暮れごろから、巷では清酒のヤミ取り引きが横行した。そのヤミ値は天井知らずの上昇をみせた、という。それればかりか、割水による酒の増量も当然のごとく行なわれるようになり、いわゆる「金魚酒」が市中に氾濫《はんらん》した。

金魚酒の氾濫

金魚酒とは、金魚が泳げるくらいに薄い酒という意味で、消費者の痛烈な皮肉がこめられている。こうした金魚酒の出現にしろ、ヤミ取り引きの横行にしろ、当時、酒販免許制度が実施されていたとはいえ、酒税法はまだ整備されていなかったため、その販売統制の不備につけこんだ悪徳業者の所業であった。

そのあたりの状況は、当時の新聞記事に詳しい。

水っぽい酒や闇《やみ》の値上げ、悪質の殺人焼酎が新春の帝都に横行して、これが当然のような有様なので警視庁では断乎《だんこ》取締るため調査を開始した。節米策と併行して十四年度（十四年十月一日から十五年九月三十日迄《まで》）の酒造用の米は二百万石と決定され、前年の約四百万石からグッと半減してしまったので、所詮《しょせん》は品不足で高くなるだろうとの不心得な見越しや、近頃の物価高につけ込んだ悪質違反である。

帝都の酒店は小売店だけでザッと一万一千四百軒、その一年に売る酒は約六百種、三十八万石に上り、飲食店、バー等に至っては数知れないのだが、旧臘《きゅうろう》一日から壜詰《びんづめ》二十種、樽詰《たるづめ》四十種に公定価格が設けられ、月桂冠、キンシ正宗、菊正宗、白鶴、大関等の上酒一升小売値二円二十銭から大吟醸等の八十一銭、その他も去年の三月四日現在以上には値上げならず、最高は三円五十銭（中略）と決定されたのに、その裏から表れた所謂《いわゆる》「玉を割る」の逃げ手、結局水を割っては一升が八合、料理店の一合徳利に七勺の酒しかない計算、然《しか》も料理店では頻《しき》りにお銚子《ちょうし》の値上げをしているという噂《うわさ》、一方強い焼酎が最近大いに飲まれているがメチルアルコールを含む危険があり保健上の害毒も恐ろしいので警視庁の断乎たる摘発準備となったものである。

（『朝日新聞』昭和一五年一月一一日）

しかし、昭和一五（一九四〇）年四月一日から施行された酒税法によって、市販酒に成分による規格が制定され、ようやく金魚酒などの俗悪酒の氾濫に歯止めがかかった。規格の対象となったのは、清酒・合成清酒・焼酎・味醂の四種類である。ちなみに、清酒の場合は一三―一五度以上、合成清酒は一四・五―一六度以上と定められた。

また、その時代、醸造法に関しても、米不足に対応したいくつかの方法が講じられている。

雑穀酒・アルコール酒・三増酒

まず、雑穀を原料とした（混入した）雑穀酒の製造である。一部にムギ・アワ・ヒエなどが混入されたし、ドングリさえもが補助原料となりうるかどうか検討がなされた、という（『朝日新聞』昭和一五年八月二一日）。

さらに、昭和一八（一九四三）年になると、政府は需要に応じた清酒増量と味覚安定のため、清酒およびその醸造段階における醪《もろみ》にアルコールを加えたアルコール添加酒（いわゆるアル添酒）の製造にふみきった。当時、そのアルコールは、主として国内産の甘藷《かんしょ》や糖蜜《とうみつ》からつくっていたが、やがてそれに限界がくると、ドングリの実からアルコールを精製するようになった。当時、小学生がドングリ拾いに動員されるようになったのは、そうした事情による。なお、アル添酒は、その原料により、「芋酒」「ドングリ酒」などと呼ばれたものである。

やがて終戦を迎え、敗戦直後の悲惨な世情の下で、昭和二四（一九四九）年には、「三倍増醸酒」、いわゆる「三増酒」が造られるようになった。三増酒とは、醪に、その醪からとれる清酒の二倍量のアルコール・葡萄糖《ぶどうとう》・水飴《みずあめ》・乳酸・コハク酸・グルタミン酸ソーダ・無機塩・水などを調合し、できあがりの清酒が三倍になるようにしたものである。この三増酒の味わいは、純米酒（米だけを原料とし、その醸造過程においても他に一切の添加をしていない酒）に比べ、味の調和を欠くものの、呑口《のみくち》がさっぱりしているとの評が得られた、という。そして、大いに出まわった。

しかし、いずれにせよ、合成清酒・三増酒などの製造は、米不足に対応した当時のやむをえない措置であり、本来の清酒に比べれば、当然それらの品質はかなり劣っていたわけである。所詮《しょせん》は、非常時の「便宜酒」であったのだ。

日本酒は、悪酔い二日酔いをする、とよくいわれてきたが、これは、ひとつには戦中・戦後のその種の低品質の酒のせいであった。

だが、そうした酒の製造法は、戦後も長く引き継がれることになった。もちろん、法的な規制によったわけではない。戦時中の統制令は、昭和二四（一九四九）年に解除されている。なのに、酒造業界の判断で、酒の品質を高めることよりも、その量産に力が注がれてきたのであった。たしかに、戦後もしばらくは、酒を造りさえすれば売れる、という時代が続いた。そこに、落し穴があったのだ。

その意味では、終戦を迎えながら、その後も長く、本当の意味で酒造りの戦後処理はなされなかった、といってよいだろう。そうした品質の低い酒では、年々台頭してきた洋酒類に対抗できず、消費量が減少していったのもいたし方ないことであった、といわざるをえないところがある。

まきかえすか日本酒

日本酒業界の戦後がようやく終わったのは、昭和五〇年代に入ってからのことであった。すなわち、純米酒や本醸造酒、あるいは吟醸酒といった良質の酒が造られるようになったのである。やっと再生した、といってもよい。そして、遅ればせながら日本酒離れをくいとめ、消費量のまき返しをはかろうとする動きが酒造業界にも生まれた。それは、ある段階である程度は成功した、といってよい。いっときの地酒ブームが、その一面をよく物語っている。

ただし、皮肉なことに、地酒ブームは、もともとは日本酒の味の単一化（量産）に不満をもった愛飲家のあいだに広まったものであった。つまり、それまで日本酒の大手メーカーの何社かは、多くの人々へ飲みやすい酒を供給する、ということを主眼にアル添酒と三増酒を主流とする酒造りを行なってきたわけである。あるいは、小さな酒造所の酒を集めてブレンドしてきたわけである。その酒は、蓄積された技術によってそれなりに安定した味をもつものであった。

しかし、日本酒の愛飲家のなかには、その単一的な味に抵抗感をもち、品質の多様化を

	分類	精米歩合	原料・製法の条件	備考
6	手作り酒	70%以下	1または2の条件を満たし、麹蓋を使用し、生酛系か速醸系酒母で醸造したもの。	
7	樽酒	70%以下	1または2の条件を満たし、樽に入れて、木香をつけたもの。	
8	原酒	70%以下	1または2の条件を満たし、上槽後、加水調整をしないもの。	通常市販される清酒は、びん詰前に加水され、アルコール度は15～16度。原酒のアルコール度は18～20度である。
9	新酒	70%以下	1または2の条件を満たし、搾って間もなく春先に出荷されるもの。	貯蔵タンクの中で秋口までねかせた酒を古酒、さらに貯蔵を重ねたものを長期熟成酒という。
10	生酒	70%以下	1または2の条件を満たし、上槽から出荷まで、一切加熱処理を行なわないもの。	新酒を加熱しないまま貯蔵タンクで熟成させ、出荷の際に加熱瓶詰したものを生貯蔵酒という。

図3-5　製法による清酒の分類

	分類	精米歩合	原料・製法の条件	備考
1	純米酒	70%以下	白米・米麹・水のみを原料としたもの。醸造アルコール、醸造用糖類等は一切使用していない。	
2	本醸造酒	70%以下	白米・米麹・水に加え、醸造アルコールを使用したもの。ただし、醸造アルコールの添加量は、白米1トンあたり120ℓ以下、醸造用糖類等は一切使用していない。	
3	吟醸酒	60%以下	1または2の条件を満たすもの。	
	大吟醸酒	50%以下		
4	アルコール添加酒（アル添酒）	75～80%	白米・米麹・水に加え、本醸造酒の規格限度以上の醸造アルコール（白米1トンあたり120ℓ以上）を添加したもの。醸造用糖類等は一切使用していない。	
5	三倍増醸造（三増酒）	75～80%	アル添酒より醸造アルコールと水の添加量を大幅に増やし、純米酒の3倍の量に製造したもの。醸造用糖類・酸味料・化学調味料を添加して、甘味・酸味・旨味を補う。	市場に単独で出荷されることはなく、アル添酒とブレンドして出荷される。

求めようとする人びとが増えてきたのであった。

そうしたなかで、大手メーカーに比べ品質管理のための技術に劣り、安定した製品をつくれなかった中小のメーカーは、それを逆手にとって、品質差別商品として純米酒や本醸造酒を売りだしたのである。純米酒の濃厚さや本醸造酒の淡麗さは、一歩まちがえばその酒の欠点にもなりかねない。しかし、アル添酒や三増酒の生産ではいかにしても大手にかなわなかった中小のメーカーは、あえてその特徴を強調して消費者に提供することで活路を開こうとしたのである。

それが、一部の業者間では見事に成功した。酒の品質の多様化を求めていた消費者ばかりでなく、マスプロ商品やブレンド商品にあきたらなくなっていた消費者が、地酒を支持するようになったのである。そして、そうした現象をマスメディアがとりあげたことで、地酒ブームにさらに拍車がかかった。

昨今では、流通業者から小売り店、さらに飲食店まで、各地の地酒をそろえ、それを看板にするところさえ増えている。

ところで、純米酒や本醸造酒、あるいは吟醸酒などが積極的に造られるようになったのは昭和五〇年代のことであるが、その醸造法は、前述もしたようにすでに戦前において完成していた。

たとえば、吟醸酒は、精米歩合六〇パーセント以下の米で仕込んだ酒であり、「吟醸香」

というフルーティーな香気をもっている。ちなみに、この吟醸香は、一説によれば、大正一五（一九二六）年、熊本県酒造研究所で造った「香露」という酒にはじめてあらわれたものである、という。とすれば、それが吟醸酒の第一号といえるわけだが、それ以前から吟醸香は存在した、という話も聞くので、吟醸酒の出現の時期は定かでない。ただ、昭和八（一九三三）年、酒造りに竪型精米機が導入されて、高度な精米が可能になってから吟醸酒造りがより可能になったことは、事実である。

もっとも、それらは、一部は市場にも出まわったものの、ほとんどは品評会用に造られたものであったらしい。

日本醸造協会の全国清酒品評会が発足したのは明治四〇（一九〇七）年のことで、以後次第に規模が拡大していった。

戦前の品評会がもっとも華やかだったのは昭和九（一九三四）年の第一四回のことで、出品点数はじつに五一六九点にのぼり、表彰式も宝塚劇場を借りきって行なわれた、という。当時、品評会に出品する酒のほとんどが吟醸酒であった。

それが、いま、やっと復活のきざしをみせているのだ。しかも、ただ品評会向けに造られるのでなく、広く実用化されてきている。むろん、酒造業界にとっても消費者にとっても、好ましいこと、といわなくてはならない。

戦後の約四〇年間は、日本酒の愛飲者にとっては、まさに不幸な暗黒の時代であったのだ。その戦後処理が、いまやっとなされようとしている。

平成二（一九九〇）年四月一日、酒税法改正——。

前年から段階的に改正されてきたことであるが、ここにおいて日本酒の等級とそれにともなう価格の統一が全廃されることになった（完全実施は平成四年）。もとより、とくにアルコールと糖類が添加された酒の等級審査にさほどの意味があるわけでないし、それが価格の基準になるのも適正とはいいがたい。その不合理を撤廃しようとしたわけである。

それによって、製造者が自らの醸造技術を開発、駆使することで、自由に価格設定ができるようになる。他の商品並みのブランド価格の自由競争の市場が開かれたのである。

大げさにいうと、戦時中の「酒類統制」の呪縛《じゅばく》から、四〇年以上を経てやっと解きはなされたのだ。

やや遅きにすぎた感がしないでもないが、いま日本酒復権の時代を迎えようとしているのである。

酒に明徳の誉あり　しかも百薬の銘を献ず

酒の本来のあり方を、これほど明解に表した言葉はない。いま、あらためて読み直すべきではなかろうか。

ちなみに、アルコール医学の関係者のなかでも、良質の酒米だけを用いた本醸造酒であ

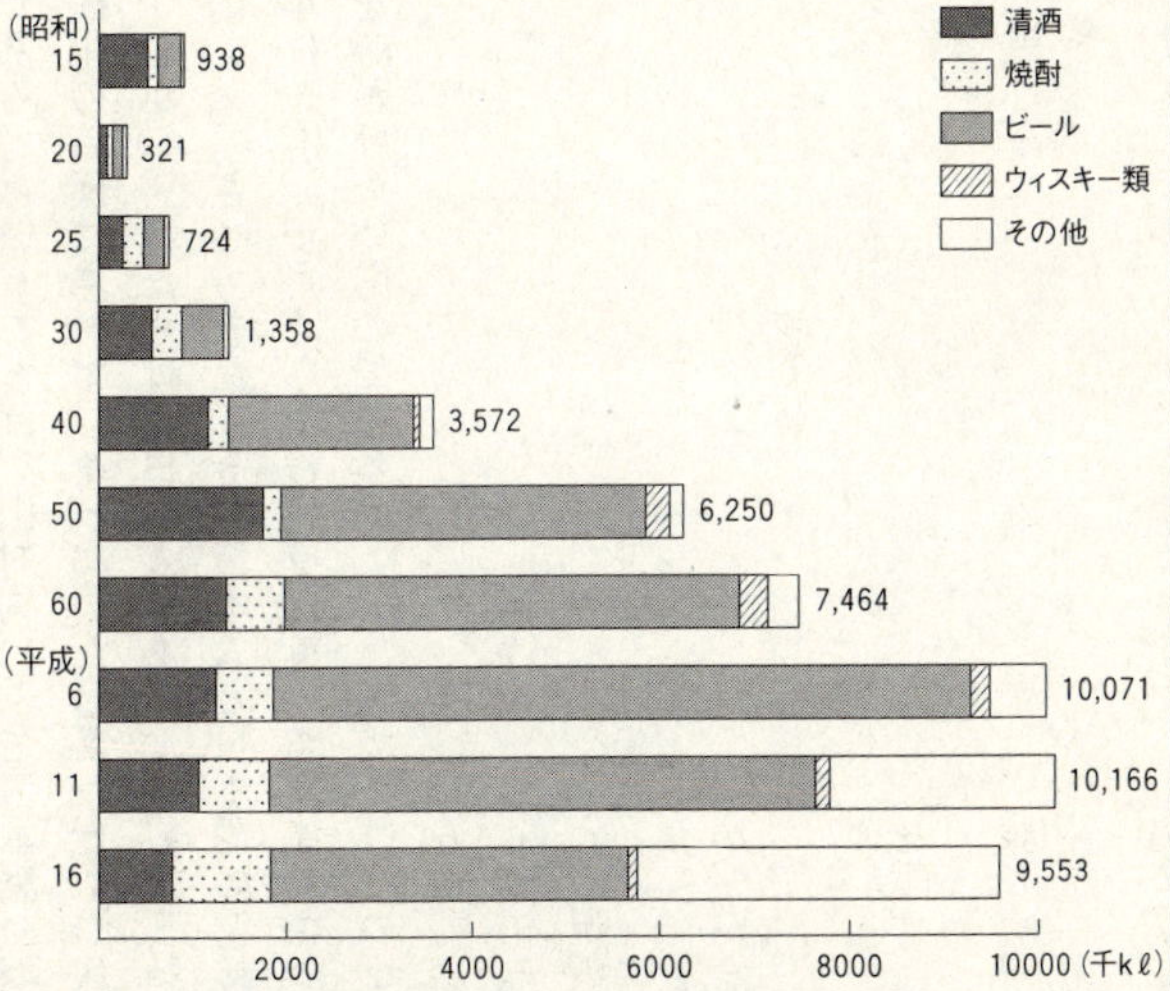

（注）1. 本表は主として「国税庁統計年報書」をもとに作成。
2. 昭和30年度までは、酒類の製成数量をあらわしている。
3. その他には、合成清酒・みりん・スピリッツ類・リキュール類などを含む。

図3-6　酒類製成数量・消費量の推移

れば、個人差はあるものの二合程度までなら毎日飲んでも身体にさしさわりがない、むしろ適量を毎日飲むのがよい、と唱える学者もでてきている。

それはともかくとして、伝統にのっとって造られ、風土に適合した香味、酔い心地ともに優れた酒を愛飲できることは、幸せなことに相違ない。それは、平和な時代の象徴でもある。

現在《いま》、私たちは、ほとんど自由に酒を飲み、楽しむことができる。ひとり日本酒だけではない。ビールもワインも、そして焼酎類も選《よ》どり見どりである。ということは、相対的にみて日本酒の消費量が後退する傾向が生じる。何事も多様化の時代にあって、それはいたしかたない時代の流れというものだろう。

しかし、私たちは、日本人である。世界でも特異な醸造技術を発達させてきた。飲酒文化を発達させてきた。その日本人と日本酒の密接な文化性を忘れてはならない。せめて一年に一度、正月ぐらいは家族が揃って日本酒で「盃事《さかずきごと》」をなして民族文化を体現することを心がけたいものである。

〈主要参考文献〉

三浦仙三郎『改醸法実践録』　著者発行　一八九八
喜多村信節（浜野知三郎編）『嬉遊笑覧』〈日本芸林叢書　第六・七巻〉　六合館　一九二七
柳田国男『明治大正史　世相篇』朝日新聞社　一九三一
桜井秀・足立勇『日本食物史』　雄山閣　一九三四
笹川臨風・足立勇『近世日本食物史』　雄山閣　一九三五
神宮司庁『神宮神事考證』〈大神宮叢書〉　臨川書店　一九三六
小野晃嗣『日本産業発達史の研究』　至文堂　一九四一
出雲路次郎『神祇と祭祀』　臨川書店　一九四二
瀬川清子『食生活の歴史』　大日本雄辯會講談社　一九五六
稲垣史生編『三田村鳶魚　江戸生活事典』　青蛙房　一九五九
一条兼良『世諺問答』〈群書類従二八〉　続群書類従完成会　一九五九
長倉保「灘の酒」―『日本産業史大系』第六巻　東大出版会　一九六〇
住江金之『日本の酒』　河出書房新社　一九六二
坂口謹一郎『日本の酒』　岩波書店　一九六四
渡辺実『日本食生活史』　吉川弘文館　一九六四
大田南畝『後水鳥記』〈江戸叢書七〉　名著刊行会　一九六四
篠田統「日本酒の系統」―『日本民族と南方文化』　平凡社　一九六八

関根真隆『奈良朝食生活の研究』吉川弘文館　一九六九
本山荻舟『飲食事典』　平凡社　一九七〇
篠田統『米の文化史』　社会思想社　一九七〇
『日本山海名産・名物図会』　社会思想社　一九七〇
E・S・モース（石川欣一訳）『日本その日その日』（全三巻）〈東洋文庫〉　平凡社　一九七〇―七一
中尾佐助『料理の起源』　日本放送出版協会　一九七二
喜多川守貞（朝倉治彦編）『守貞漫稿』（全三巻）　東京堂出版　一九七三
外池良三『酒の事典』　東京堂出版　一九七五
柚木学『日本酒の歴史』　雄山閣出版　一九七五
林信勝（羅山）『庖丁書録』〈日本随筆大成一期一一〉　吉川弘文館　一九七五
『和漢三才図会』　東京美術　一九七五
石橋四郎編『和漢酒文献類聚』　第一書房　一九七六
中央食糧協会編『郷土食慣行調査報告書』　青史社　一九七六
三條西公正「王朝の料理」―『別冊太陽』　平凡社　一九七六
熊倉功夫「本膳から懐石へ」―『別冊太陽』　平凡社　一九七六
加藤百一「酒と料理」―『別冊太陽』　平凡社　一九七六
人見必大（島田勇雄訳注）『本朝食鑑』（全五巻）〈東洋文庫〉　平凡社　一九七六
加藤秀俊『食生活世相史』　柴田書店　一九七七
宮本常一『食生活雑考』〈宮本常一著作集二四巻〉　未来社　一九七七
坂口謹一郎監修・加藤辨三郎編『日本の酒の歴史』　研成社　一九七七
松浦静山（中野三敏他校訂）『甲子夜話』（全六巻）〈東洋文庫〉　平凡社　一九七七

新井白石『東雅』〈新井白石全集四〉　国書刊行会　一九七七
フィッセル（庄司三男・沼田次郎訳）『日本風俗備考』（全二巻）〈東洋文庫〉　平凡社　一九七八
大江匡房（正宗敦夫編纂校丁）『江家次第』（全二巻）　現代思潮社　一九七八
渋沢敬三編『明治文化史　生活』　原書房　一九七九
梅棹忠夫・石毛直道・中尾佐助『食事の文化』　朝日新聞社　一九八〇
中尾佐助・加藤秀俊・宮本常一他『食の文化』　朝日新聞社　一九八〇
岩井宏実・日和祐樹『神饌』　同朋舎出版　一九八一
篠田次郎『日本の酒づくり』　中央公論社　一九八一
中村豊次郎『酒造りの今昔と越後の酒男』　野島出版　一九八一
秋山裕一『酒づくりのはなし』　技報堂出版　一九八三
伊藤幹治『宴と日本文化』　中央公論社　一九八四
『古事類苑　飲食部』　吉川弘文館　一九八四
谷川士清（尾崎知光編）『倭訓栞』　勉誠社　一九八四
柚木学「近世酒造史の研究と課題」―『酒史研究1』　日本酒造史研究会　一九八四
加藤百一「酒造り神事」―『酒史研究2』　日本酒造史研究会　一九八五
鎌谷親善「コルシェルトと防腐剤について」―『酒史研究3』　日本酒造史研究会　一九八五
本城正徳「幕末・明治期における灘酒造業経営の一考察」―『酒史研究3』　日本酒造史研究会　一九八五
吉田健一『酒肴酒』（全二巻）　光文社　一九八五
伊勢貞丈（島田勇雄校注）『貞丈雑記』（全四巻）〈東洋文庫〉　平凡社　一九八五―八六
源順（東京大学国語研究室編）『倭名類聚抄』（全二巻）　汲古書院　一九八五―八七

谷亀利一編『日本の名酒蔵・名杜氏百選』読売新聞社　一九八六
田島町教育委員会編『田島祇園祭りのおとうや行事』田島町教育委員会　一九八六
日本文化厚生財団編『写真譜・神話のさと南山田島』桜楓社　一九八六
小崎道雄・石毛直道編『醱酵と食の文化』ドメス出版　一九八六
長谷川晴男編『神社祭祀関係法令規程類纂』国書刊行会　一九八六
星野文彦『神社神饌の概説』著者発行　一九八六
柚木学『酒造りの歴史』雄山閣出版　一九八七
森浩一編『味噌・醬油・酒の来た道』小学館　一九八七
菅間誠之助『酒つくりの匠たち』柴田書店　一九八七
京都市文化観光局文化観光部文化財保護課編『伏見の酒造用具』京都市　一九八七
国税庁醸造試験所監修『酒類の社会面における調査研究―飲酒文化』アルコール健康医学協会　一九八七

オームス・ヘルマン『祖先崇拝のシンボリズム』弘文堂　一九八七
麻井宇介『「酔い」のうつろい』日本経済評論社　一九八八
神崎宣武『「クセ」の日本文化』日本経済新聞社　一九八八
旅の文化研究所編『落語にみる江戸の酒文化』河出書房新社　一九九八
石毛直道編『論集　酒と飲酒の文化』平凡社　一九九八
神崎宣武『三三九度』岩波書店　二〇〇一
蓮尾徹夫『日本酒鑑定官三十五年』並木書房　二〇〇四
『平成十八年度版　酒のしおり』国税庁課税部酒税課　二〇〇六

＊リストは発行年次順に並べてある（発行年次は原則として初版発行年を記した）。
＊古書については、現在書店や図書館で求められやすいもの（復刻版・普及版）を選び、原本の発行年は省略した。
＊『　』は単行本及び雑誌、「　」は論文を示している。また、著作集・叢書などに収められたものについては、その名称を〈　〉で記した。

あとがき

私は、酒が好きである。たいして量が飲めるとは思えないが、美味な肴《さかな》（塩味の優るものがよい）と芳香な冷酒（できれば吟醸酒）があれば場所も時間もいとわない。その傾向が年々強くなって、それが高じて、とうとう本書をまとめることになった。

しかし、本書をまとめるにあたっては、別にそれらしいきっかけもあった。

昭和六三年の四月に、（財）日本醸造協会の「飲酒文化を考える会」からお声がかかり、酒類の社会文化面における調査研究プロジェクトに加わることになったのである。私の担当テーマは、「食文化の変化と飲酒文化」であったが、他に人文科学系の研究者はおらず、醸造化学やアルコール医学の専門家のなかでずいぶん心細いスタートとなった。私にとって、化学や医学はおよそ無縁な世界で、そこでの会話はすこぶる難解なものであった。しかし、二回三回と研究会に出席しているうちに雰囲気にもなれてきて、とくに醸造技術についてのある種の関心も高まってきた。

素人眼にも、醸造化学というのは複雑でありすぎて、まだ解明しきれないところが多くある、ということがみえてきた。とくに、日本酒は生きものであり、その醸造環境や保存環境によって千差万別な変化をするので、簡単に絶対値がだせないところがある。むろん、素人は簡単に介入できないが、それを新しく学ぶ側からすると気分的に親しみやすいことになる。推測の領域が、まだ残されている。ちょうど考古学や陶磁の分野に、素人の愛好家がなじみやすいのと同じである。

調査研究プロジェクトの諸先輩も、謙虚で懇切であった。たとえば、野白喜久雄さん（東京農大教授）や吉澤淑さん（国税庁醸造試験所長）、栗山一秀さん（月桂冠副社長）らは、醸造化学界の権威者たちであったが、私の話にもにこやかに耳を傾けてくださったし、そのあと適切な助言を授けてくださった。私が、苦手なはずの化学畑にもそれなりに興味を抱くことができたのは、そうした先生方のおかげである。

それにしても、酒蔵の杜氏《とうじ》たちの腕はたしかであった。醸造化学の専門家とは別に、いわゆる職人の勘というものをもって語るところに、化学では割り切れない酒という生きものが描かれており、えもいわれぬ説得力を感じることがしばしばあった。

醸造試験所を中心として発達した醸造化学と、各地の酒蔵に根づいた酒造技術のあいだには微妙な隔たりもある。

私は、この数年来、地方を旅する機会があれば、必ずといってよいほどそこの酒造所を訪ねることにしている。暗くひんやりとした酒蔵で、何人もの杜氏や蔵人《くらびと》から話を聞いた。そのほとんどが、長年かかって身につけた酒造技術に絶対の自信をもちながら、その後継者がいないことを憂うのであった。また、酒造家の情熱や理解がなく、職人たちの技術がからまわりしているところもあった。

さしでがましくもおこがましいことだが、私は、その人たちのためにも日本酒と日本人について、その風土文化論とでもいうべきものを書き残しておきたい、と思うようになっていた。

酒好きの私が、あらためて酒に興味をもったがために、多くの人に出会うことができた。なかでも、関屋健二さんの日本酒にかける情熱には、まったく感服した。関屋さんは、上野（東京都台東区）の駅近くで小さな酒屋（小売店）を営んでいる。が、関屋さんの店に並ぶ酒は、関屋さんが日本全国の酒造所を歩き、これぞと思うところで杜氏と膝づめで話しあい、材料も技術も細かくチェックして造りあげたオリジナルブランドである。

また、私の知人のなかには、優れた飲み手も何人もいる。

本書は、そういう多くの人たちの協力があってできた。編集にあたっては、角川書店の高取利尚さんと鈴木序夫さんのお手をわずらわせた。心からお礼を申しあげたい。

そろそろ、新酒が市場にでてくるころである――。

平成二年一二月

神崎宣武

文庫版あとがき

角川選書を出してから一五年が過ぎた。

その間、日本酒（清酒）をとりまく環境がかなり大きく変わった。

たとえば、清酒の製成数量が年々減少している。選書の出版時にもそのきざしはみられたが、地酒ブームが生じたころでもあって、もち直すのではないか、と期待できた。が、減少傾向に歯止めはきかず、ついに焼酎《しょうちゅう》にも追いぬかれてしまった。現在、清酒の製成数量は、ビール・焼酎・ウイスキー類・リキュール類・雑酒などの総量のわずか七・七パーセントにすぎないのである（平成一六年度の統計による）。

そのことを嘆いてみても、せんないこと。何事も多様化の時代、国際化の時代、それを反映してのこと、といえばそれまでだ。しかし、伝統的な「民族酒」といわれるもののなかで、これほど極端な減少傾向が生じているのは、日本における清酒だけなのである。それは、どういうことなのか。もしかして、日本の文化の各所にそうした「根枯れ現象」が生じているのではないか。

私たちは、とっくに米離れをおこしていながら、日本人の主食は何かとたずねられたら、躊躇《ちゅうちょ》せず「米飯」と答えている。一年に一度も袖を通すこともないのに、日本の代表的な衣服は何かとたずねられたら臆面《おくめん》もなく「着もの」と答えている。正月に宮参りや寺参りをしながらも、あなたの信仰は何かとたずねられたら、平然と「無宗教」と答えている。そんな私たちを、世界の人びとは、どんな思いで見ているのであろうか。私たちは、自分たちの文化についてもう少し真摯《しんし》に対峙《たいじ》しなくてはならないのではあるまいか。

日本酒離れも、そうした日本人における「文化性」のなかで考えなくてはならないのであろう。課税対象とか量産廉売とか広告宣伝などとは別な機軸と視点で「日本酒の文化」のあり方を探らなくてはならないのであろう。

さいわいなことに、日本酒の愛好者、日本文化の愛好者は、高齢化のきらいはあるものの、まだ数多く存在する。そして、さいわいなことに、そうした人たちが集まるかたちで「日本酒で乾杯推進会議」が発足した（平成一六年一〇月）。広く日本文化のルネッサンスを目指す。その趣旨がぶれないかぎり、私もその活動を積極的に支持したい、と思っている。

さて、一五年を経ての文庫本化である。

著者としては名誉なことだが、あらためて読みかえしてみると、簡単にふみきれないところがあった。もちろん、筋立てに誤りはないのだが、何とも文章が拙いのである。赤面の至り、だ。現在《いま》も上達したとは思っていないが、このままで出せるものではない。大幅に修筆、加筆することになった。それがために、編集をご担当くださった角川学芸出版の大蔵敏さんにはご迷惑をかけることになった。

私は、酒が好きである。と、選書版の「あとがき」にも書いた。その当時からすると、酒量がかなり減った。変化といえば、ワインを少々飲むようになった。日本酒を飲まなくなったわけではない。が、食中酒としてはワインも悪くない。そして、ワインを飲んで、また日本酒のよさを知る。これからも年齢相応の酒を楽しみたい、と思っている。

酒は、それぞれが飲むのを楽しめばよい。だが、「酒呑みは、何かにつけて理屈をいい」ともいう。私も、若い人たちに嫌われない程度に理屈をいい伝えてゆきたい、と思う。

酒は、文化の表徴である。日本人であるかぎり、日本酒へのまなざしを失ってはならないぞ——と。

平成一八年八月

神崎宣武

＊本書は神崎宣武著の角川選書『酒の日本文化』
（一九九一）を文庫化したものである。

酒《さけ》の日本文化《にほんぶんか》

知《し》っておきたいお酒《さけ》の話《はなし》

神《かん》崎《ざき》宣《のり》武《たけ》

角川文庫 14404

平成十八年九月二十五日　初版発行

発行者——青木誠一郎

発行所——株式会社角川学芸出版
東京都文京区本郷五—二十四—五
電話・編集(〇三)三八一七—八五三五
〒一一三—〇〇三三

発売元——株式会社角川書店
東京都千代田区富士見二—十三—三
電話・営業(〇三)三二三八—八五二一
〒一〇二—八一七七
振替〇〇一三〇—九—一九五二〇八

印刷所——暁印刷　製本所——BBC

装幀者——杉浦康平

角川ソフィア文庫 338　ISBN4-04-406401-6　C0139

角川文庫発刊に際して

角　川　源　義

第二次世界大戦の敗北は、軍事力の敗北であった以上に、私たちの若い文化力の敗退であった。私たちの文化が戦争に対して如何に無力であり、単なるあだ花に過ぎなかったかを、私たちは身を以て体験し痛感した。西洋近代文化の摂取にとって、明治以後八十年の歳月は決して短かすぎたとは言えない。にもかかわらず、近代文化の伝統を確立し、自由な批判と柔軟な良識に富む文化層として自らを形成することに私たちは失敗して来た。そしてこれは、各層への文化の普及滲透を任務とする出版人の責任でもあった。

一九四五年以来、私たちは再び振出しに戻り、第一歩から踏み出すことを余儀なくされた。これは大きな不幸ではあるが、反面、これまでの混沌・未熟・歪曲の中にあった我が国の文化に秩序と確たる基礎を齎らすためには絶好の機会でもある。角川書店は、このような祖国の文化的危機にあたり、微力をも顧みず再建の礎石たるべき抱負と決意とをもって出発したが、ここに創立以来の念願を果すべく角川文庫を発刊する。これまで刊行されたあらゆる全集叢書文庫類の長所と短所とを検討し、古今東西の不朽の典籍を、良心的編集のもとに、廉価に、そして書架にふさわしい美本として、多くのひとびとに提供しようとする。しかし私たちは徒らに百科全書的な知識のジレッタントを作ることを目的とせず、あくまで祖国の文化に秩序と再建への道を示し、この文庫を角川書店の栄ある事業として、今後永久に継続発展せしめ、学芸と教養との殿堂として大成せんことを期したい。多くの読書子の愛情ある忠言と支持とによって、この希望と抱負とを完遂せしめられんことを願う。

一九四九年五月三日

角川ソフィア文庫ベストセラー

能のドラマツルギー　友枝喜久夫仕舞百番日記
渡辺　保

名人の繊細な動きを通して語られる登場人物の心情、時間や空間の移り変わり等を丁寧に解説。所作に秘められたドラマを描き出す刺激的能楽案内。

地名のたのしみ　歩き、み、ふれる歴史学
服部英雄

現地に足を運び、地元で地名を聞く。聞き取った地名を地図に落とし、その土地に関わる生活を叙述する。待望のコンパクト版地名研究入門書！

鳥の詩　死の島からの生還
三橋國民

ニューギアで瀕死の重傷を負い、生き延びた兵士が体験した、戦争の現実と幻影を詩情豊かに綴る。戦争の記憶を語り継ぐ、珠玉の鎮魂エッセイ。

短歌はじめました。　百万人の短歌入門
穂村　弘
東直子
沢田康彦

ファックス&メール短歌の会に集まった自由奔放な短歌に、二人の歌人が愛ある評で応えた。短歌をはじめたくなったら必読の画期的短歌座談会！

知っておきたい日本の神様
武光　誠

ご近所の神社はなにをまつる？　代表的な神様を一堂に会し、その成り立ち、系譜、ご利益、信仰のすべてがわかる。神社めぐり歴史案内の決定版。

骨董屋からくさ主人
中島誠之助

TVでおなじみの鑑定人、中島誠之助の目利き開眼おもしろエッセイ。「いい仕事」を見抜く眼を徹底指南、鑑定の秘密を描く。解説＝青柳恵介

中原中也との愛　ゆきてかへらぬ
長谷川泰子著
村上　護編

17歳の詩人中原中也との運命的な出逢い、小林秀雄との壮絶な出逢いと別れ。伝説の運命の女・長谷川泰子が語る、告白的自伝の書。